AF502276

RÉFORMATION GENERALE

de la Maîtrise

DES EAUX ET FORÊTS DE ROUEN,

Département de Roüen,

ORDONNÉE par Arrest du Conseil & Lettres Patentes, du 17. Mai 1735. regiſtrées au Parlement de Roüen, le 27. Juin, au Gréfe de la Réformation generale, le 21. Juillet, à celui de la Maîtriſe de Roüen, le 22. Juillet 1735. & au Gréfe de la Maîtriſe de Caudebec, le 1. Aouſt 1735.

A ROUEN,

Chez JEAN-B. BESONGNE, Imprimeur ordinaire du Roy, au coin de l'autre côté de la Fontaine S. Lo, à l'Imprimerie du Louvre.

M. DCC. XXXIX.

AVEC PRIVILÉGE DE SA MAJESTÉ.

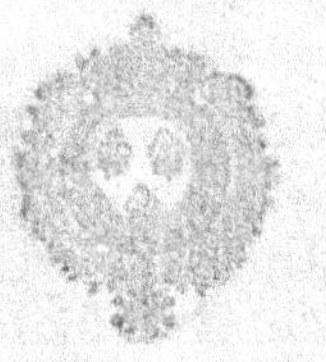
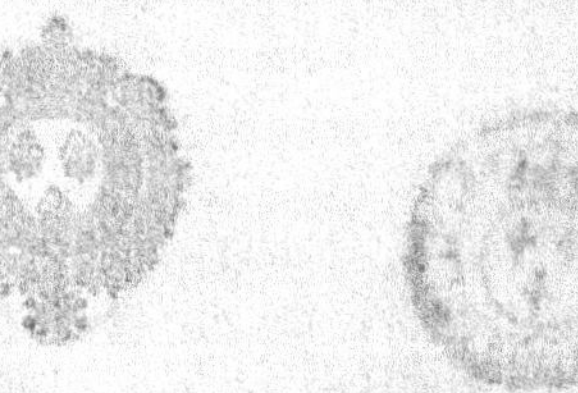

ARREST
DU CONSEIL D'ETAT DU ROY,
ET LETTRES PATENTES,

PORTANT qu'il sera procédé à la Réformation generale des Maîtrises de Roüen & de Caudebec, & des Bois & Forêts en dépendans.

Du 17. Mai 1735.

Extrait des Registres du Conseil d'Etat.

LE ROY s'étant fait representer en son Conseil, l'Arrest rendu en icelui, le 26. Février 1732. & les Lettres Patentes expédiées en conséquence, le même jour; par lesquelles pour les causes y contenuës, Sa Majesté auroit commis les Sieurs de Missy Procureur Géneral du Parlement de Roüen, le Paige Lieutenant Particulier au Bailliage de Roüen, & Cheret Procureur du Roy en la Maîtrise des Eaux & Forêts de Paris; pour procéder à la Réformation des Eaux & Forêts dépendantes de la Maîtrise d'Arques; & le Sieur Gallois Inspecteur des Eaux & Forêts au Département de Roüen, pour Procureur Genéral de ladite Réformation; ensemble les Procès verbaux dressez par lesdits Sieurs Commissaires, les Jugemens par eux rendus, & les Réglemens qu'ils ont faits pour l'aménagement & l'administration des Forêts situées dans l'étenduë de ladite Maîtrise. Et Sa Majesté étant informée des avantages qui résultent des diférentes opérations desdits Sieurs Commissaires, & de la nécessité qu'il y a pour la conservation de ses intérêts, de continuer ladite Réformation pour les autres Maîtrises particuliéres des Eaux & Forêts dudit Département de Roüen; Elle a résolu d'y pourvoir, & de faire connoître sur ce, ses intentions : Oüi le Raport du Sieur Orry, Conseiller d'Etat & ordinaire au Conseil Roïal, Contrôleur Genéral des Finances; LE ROY E'TANT EN SON CONSEIL, a ordonné & ordonne que par les Sieurs de Missy Procureur Genéral du Parlement de Roüen, Savary Grand-Maître des Eaux & Forêts du Département de Roüen, le Paige Lieutenant Particulier au Bailliage de Roüen, & Cheret Procureur du Roy en la Maîtrise des Eaux & Forêts de Paris, que Sa Majesté a commis & commet à cet éfet, il sera procédé à l'Instruction & au Jugement des abus, délits, usurpations & malversations commis, soit par les Oficiers, Gardes, Ajudicataires, Riverains ou autres, dans les Forêts de Sa Majesté, dépendantes des Maîtrises de Roüen & de Caudebec, circonstances & dépendances, & au Réglement des Coupes & aménagement desdits Bois & Forêts, ainsi qu'il sera jugé à propos par lesdits Sieurs Commissaires Ordonne Sa Majesté qu'à la poursuite & diligence du Sieur Gallois Inspecteur des Eaux & Forêts au Département de Roüen, qu'elle a commis pour faire les fonctions de son Procureur General de ladite Réformation, les Usagers & les Propriétaires des Maisons & Héritages enclavez dans lesdits Bois & Forêts, seront tenus de representer, si besoin est, pardevant lesdits Sieurs Commissaires, les Titres & Actes en vertu desquels ils possédent lesdits Usages, Maisons & Héritages, pour en être par eux dressé Procès verbal, ensemble des délits, dégradations, malversations, usurpations & entreprises, qui se trouveront y avoir été commis, pour être le tout jugé définitivement & en dernier ressort, par lesdits Sieurs Commissaires, tant en matiere civile, ce qu'ils pouront faire au nombre de trois seulement, qu'en matiere criminelle, en apellant avec eux le nombre de Graduez requis par l'Ordonnance : Leur permet Sa Majesté, en cas de maladie, absence ou autre empêchement légitime, de commettre l'un d'entr'eux, ou de subdéléguer telle personne qu'ils voudront choisir, pour faire l'instruction, & assister aux Jugemens des Afaires dont il s'agit ; & au Sieur Procureur General, de substituer, pour faire en son absence, telles Requisitions & Procédures qui seront trouvées nécessaires : Et pour l'éfet de la presente Réformation, Sa Majesté atribuë ausdits Sieurs Commissaires, tout pouvoir, Jurisdiction & connoissance, & icelle interdit à toutes ses Cours & autres Juges ; & ce qui sera jugé par lesdits Sieurs Commissaires, sera exécuté, nonobstant opositions, récusations, Prises à parties, Clameur de Haro, Chartre Normande, ou autres empêchemens quelconques, pour lesquels ne sera diféré ; dont si aucuns interviennent, Sa Majesté s'en est réservé & à son Conseil, la connoissance, & icelle interdit à ses autres Cours & Juges : Permet en outre Sa Majesté, ausdits Sieurs Commissaires, de nommer pour Gréfier de la presente Commission, telle personne qu'ils jugeront à propos : Et pour l'exécution du present Arrest, toutes Lettres néceſſaires ſeront expédiées. FAIT au Conſeil d'Etat du Roy, Sa Majeſté y étant, tenu à Verſailles le dix-ſeptiéme jour de Mai mil ſept cens trente-cinq. Signé, CHAUVELIN.

LETTRES PATENTES

ſur l'Arreſt du Conſeil ci-deſſus,

QUI ordonne la Réformation generale des Maîtriſes de Roüen & Caudebec, & des Bois & Forêts en dépendans.

Du 17. Mai 1735.

LOUIS par la grace de Dieu Roy de France & de Navarre : A nos amez & feaux Conſeillers les Gens tenans nôtre Cour de Parlement de Roüen, SALUT. Aïant par Arreſt de nôtre Conſeil & Lettres Patentes, du 26. Février 1732. nommé des Commiſſaires pour procéder à la Réformation des Eaux & Forêts de la Maîtriſe d'Arques ; Nous avons reconnu par les Jugemens par eux rendus, & les Réglemens qu'ils ont faits, qu'il étoit avantageux à nos intérêts, & pour le bien du Public, de continuer ladite Réformation pour les autres Maîtriſes des Eaux & Forêts du Département de Roüen ; ce que Nous aurions ordonné pour les Maîtriſes de Roüen & de Caudebec, par Arreſt cejourd'hui rendu en nôtre Conſeil ; & que pour ſon exécution, toutes Lettres néceſſaires ſeroient expédiées. A CES CAUSES, de l'avis de nôtre Conſeil, qui a vû l'Arreſt cejourd'hui rendu en nôtredit Conſeil, Nous y étant, ci-ataché ſous le Contreſcel de nôtre Chancellerie ; Nous avons, conformément à icelui, ordonné, & par ces Preſentes ſignées de nôtre main, ordonnons que par les Sieurs de Miſſy, Procureur Genéral de nôtre Parlement de Roüen ; Savary, Grand-Maître des Eaux & Forêts du Département de Roüen ; le Paige, Lieutenant Particulier au Bailliage de Roüen ; & Cheret nôtre Procureur en la Maîtrise particuliere des Eaux & Forêts de Paris, que Nous avons commis & commettons à cet éfet ; il sera procédé à l'Instruction & au Jugement des abus, délits, usurpations & malversations commis, soit par les Oficiers, Gardes, Ajudicataires, Riverains ou autres, dans nos Forêts dépendantes des Maîtrises de Roüen & de Caudebec, circonstances & dépendances, & au Réglement des Coupes & Aménagemens desdits Bois & Forêts, ainsi qu'il sera jugé à propos par lesdits Sieurs Commissaires. Ordonnons qu'à la poursuite & diligence du Sieur Gallois, Inspecteur des Eaux & Forêts au Département de Roüen, que Nous avons commis & commettons, pour faire les fonctions de nôtre Procureur General de ladite Réformation, les Usagers & les Propriétaires des Maisons & Héritages enclavez dans lesdits Bois & Forêts, seront tenus de representer, si besoin est, pardevant lesdits Sieurs Commissaires, les Titres & Actes, en vertu desquels ils possédent lesdits Usages, Maisons & Héritages, pour en être par eux dressé Procès verbal ; ensemble des délits, dégradations, malversations, usurpations & entreprises, qui se trouveront y avoir été commis, pour être le tout jugé définitivement & en dernier ressort, par lesdits Sieurs Commissaires, tant en matiere civile (ce qu'ils pouront faire au nombre de trois seulement) qu'en matiere criminelle, en apellant avec eux le nombre de Graduez requis par l'Ordonnance : Leur permettons, en cas de maladie, absence ou autre empêchement légitime, de commettre l'un d'entr'eux, ou de subdéléguer telle personne qu'ils voudront choisir, pour faire l'Instruction & assister aux Jugemens des Afaires dont il s'agit ; & au Sieur Procureur General de substituer, pour faire en son absence, telles Requisitions & Procédures qui seront trouvées nécessaires. Et pour l'éfet de la presente Réformation, Nous avons atribué & atribuons ausdits Sieurs Commissaires, tout pouvoir, jurisdiction & connoissance, & icelle interdisons à toutes nos Cours & autres Juges. Ordonnons que ce qui sera jugé par lesdits Sieurs Commissaires, sera exécuté, nonobstant opositions, récusations, Prises à parties, Clameur de Haro, Chartre Normande, ou autres empêchemens quelconques, pour lesquels ne sera diféré; dont si aucuns interviennent, Nous nous en réservons & à nôtre Conseil, la connoissance, & icelle interdisons à nos autres Cours & Juges. Permettons en outre ausdits Sieurs Commissaires, de nommer pour Gréfier de la presente Commission, telle personne qu'ils jugeront à propos. SI VOUS MANDONS que ces Presentes vous aïez à faire lire, registrer, & le contenu en icelles exécuter, cessant & faisant cesser tous troubles & empêchemens quelconques; CAR tel est nôtre plaisir. DONNE' à Versailles, le dix-septiéme jour de Mai, l'an de grace mil sept cens trente-cinq; & de nôtre Régne le vingtiéme. Signé, LOUIS : Et plus bas, Par le Roy, CHAUVELIN. Et scellées du grand Sceau de cire jaune.

EXTRAIT DES REGISTRES de la Cour de Parlement de Roüen.

Du 27. Juin 1735.

VEU par la Cour, toutes les Chambres assemblées, les Lettres Patentes de Sa Majesté, données à Versailles le 17. Mai dernier, sur l'Arrest du Conseil du même jour, ataché sous le Contrescel d'icelles; Qui ordonnent la Réformation des Forêts des Maîtrises de Roüen & de Caudebec, circonstances & dépendances, par les Commissaires y dénommez, &c. Conclusions du Procureur Genéral du

Roy, & oüi le Raport du Sieur Conseiller-Commissaire : Tout consideré ;

LA COUR, toutes les Chambres assemblées, a ordonné & ordonne que lesdites Lettres Patentes sur ledit Arrest du Conseil, seront registrées ès Registres de la Cour, pour être exécutées selon leur forme & teneur ; & que les Vidimus d'icelles seront envoïez aux Siéges des Maîtrises de Roüen & de Caudebec, pour y être pareillement enregistrez, lûs, publiez, & exécutez, à la diligence des Substituts du Procureur General du Roy, qui seront tenus de certifier la Cour dans le mois, des diligences qu'ils auront pour ce faites. *Et ensuite* lesdites Lettres Patentes sur Arrest ont été lûës, publiées & enregistrées, la grande Audience de ladite Cour séante, en conformité de l'Arrest d'icelle, donné au dernier jour. A Roüen en Parlement, le vingt-septiéme jour de Juin mil sept cens trente-cinq.

Signé, AUZANET.

CEjourd'hui vingt-unième jour de Juillet mil sept cens trente-cinq, Messieurs les Commissaires de la Réformation des Eaux & Forêts du Département de Roüen, assemblez à Roüen, sur les cinq heures d'après-midi, en l'Hôtel de Monsieur le Paige, un des Commissaires generaux de ladite Réformation ; les presentes Lettres Patentes de Sa Majesté ont été lûës, & registrées sur le Registre de ladite Réformation, pour être exécutées selon leur forme & teneur, suivant l'Arrest desdits Sieurs Commissaires de ce jour, ce requerant Monsieur Gallois Ecuïer, Seigneur du Bourbaudoüin, Conseiller du Roy, Inspecteur General des Eaux & Forêts, Procureur General de ladite Réformation, par Nous Ecuïer, Conseiller-Secretaire du Roy & du Parlement de Roüen, Grefier de ladite Réformation, nommé par Messieurs les Commissaires.

Signé, COUSIN DE VINVAL, *avec paraphe.*

LES *Arreſt du Conſeil & Lettres Patentes, du* 17. *Mai* 1735. *ci-deſſus, ont été lûs, publiez & regiſtrez en la Maîtriſe de Roüen, le* 22. *Juillet* 1735. *& en celle de Caudebec, le premier Aouſt ſuivant, pour être exécutez ſelon leur forme & teneur, Meſſieurs les Commiſſaires tenans l'Audience aux Sieges, & en preſence des Oficiers deſdites Maîtriſes; & ce requerant le Procureur Genéral de la Réformation.*

Signé, COUSIN DE VINVAL.

RE'FORMA-

RÉFORMATION GENERALE
de la Maîtrise
DES EAUX ET FORESTS DE ROUEN,
Département de Roüen.

EXTRAIT DU REGISTRE PLUMITIF

de la Reformation Generale de la Maîtrise des Eaux & Forêts de Roüen, Département de Roüen; contenant les Jugemens de tous les Riverains des Forêts & Bois Taillis apartenans à Sa Majesté, dans l'étenduë de ladite Maîtrise; ensemble les Réglemens generaux & particuliers, faits par Messieurs PIERRE-AUGUSTIN DURAND *Chevalier, Seigneur* DE MISSY, *Conseiller du Roy en ses Conseils, & son Procureur General au Parlement de Normandie;* LOUIS-ALEXANDRE DE SAVARY *Chevalier, Conseiller du Roy en ses Conseils, Grand-Maître-Enquêteur & General Réformateur des Eaux & Forêts de France, au Département de Roüen;* PIERRE-ALEXANDRE LE PAIGE *Chevalier, Seigneur* DU PORTPINCHE', *Lieutenant Particulier au Bailliage & Siege Presidial de Roüen; Et* CHARLES-ANTOINE CHERET, *Conseiller du Roy & son Procureur en la Maîtrise des Eaux & Forêts de Paris, Commissaires Généraux de ladite Réformation, deputez à cet éfet par Arrest du Conseil & Lettres Patentes, du 17. Mai 1735.*

EU par Nous Commissaires Généraux, nôtre Procès verbal de Visite des Forêts & Bois Taillis, apartenans à Sa Majesté, & situez dans l'étenduë de la Maîtrise de Roüen, commencé le 24. Juillet 1736. clos & fini le 31. Juillet 1738. Les Assignations commises en conséquence, à la requête du Sieur JEAN-LOUIS-GASPARD GALLOIS DE MAQUERVILLE Ecuïer, Conseiller Avocat du Roy aux Requêtes, Substitut au Parlement de Normandie, Inspecteur Général des Bois de la Ville & Généralité de Roüen, & Procureur Général de ladite Réformation ; aux Riverains ci-après nommez, pour representer les Titres de propriété des Heritages par eux possedez aux Rives desdites Forêts ; les Piéces par eux produites ; ensemble ce qui résulte de nôtre Procès verbal de Visite, à l'égard de ceux qui n'ont point produit, ainsi qu'il ensuit.

FOREST DE ROUMARE,

GARDE DE CANTELEU,

Triage de Guemare.

UN Extrait collationné d'un Contrat de Vente, du 25. Septembre 1671. Copie d'Aveu à la Seigneurie de Canteleu, du 20. Juin 1677. d'une Sentence des Requêtes du Palais, du 7. Mars 1689. & une Copie collationnée de Lots de partages, du 16. Mai 1659. produits par le Sieur Lallemant.

Une Copie collationnée d'Aveu, du 9. Septembre 1638. au Prieuré de Bonne-Nouvelle lès-Roüen, & un Acte de Lots de partages, du 10. Aoust 1656. produits par Michel Hardy.

Un Contrat de Fiéfe du 17. Mars 1714. Un autre Contrat de Fiéfe, du 5. Octobre 1576. Une Ajudication du 29. Mai 1596. Un Acte de Lots de partages, du 1579. Copie collationnée d'un Aveu, du premier Juillet 1651. au Prieuré de Bonne-Nouvelle, produits par Jean Bosquillon.

Une Ajudication du 30. Septembre 1604. Un Extrait collationné d'un Contrat de cession à Clameur féodale, du 12. Aoust 1713. produits par le Sieur d'Amontot de Montigny.

Une Copie collationnée d'un Contrat du 22. Aoust 1712. de cession sur Clameur féodale ; & Copie collationnée d'autre Contrat de vente, du 1. Février 1710. produites par le Sr Mullot.

Un Aveu du 17. Juin 1672. rendu à la Seigneurie de Montigny, produit par André Léguillon.

Ce qui résulte de nôtre Procès verbal de Visite, concernant le Sieur de Bauquemare.

Les Titres & Piéces ci-devant énoncées, produits par le Sieur d'Amontot.

Ce qui résulte de nôtre Procès verbal de Visite ; & une Requête presentée par le Sieur Curé de Montigny.

Les Titres & Piéces ci-dessus énoncez, & produits par ledit André Léguillon.

Un Contrat de Fiéfe, du 16. Juillet 1682. produit par Charles Léguillon.

Un Aveu à la Seigneurie de Montigny, rendu en 1711. énonciatif d'autre rendu le 21. Mai 1642. produit par le Sieur Jean fils de Pierre Roger.

Les Titres & Piéces ci-dessus énoncez, produits par ledit Sieur Mullot.

Un Contrat de Lots de partages, du 20. Janvier 1662. produit par Loüis Léguillon.

Un Decret du 7. Mai 1580. Une Copie collationnée d'Aveu, du 8. Novembre 1616. à la Seigneurie de Montigny : Autre Aveu du 5. Juillet 1673. Un Contrat de vente du 9. Séptembre 1681. Un Bail du 28. Décembre 1686. Autre Aveu de ladite Seigneurie, du 10. Juin 1689. Un Contrat de vente, du 26. Juin 1709. produits par les Sieurs Supérieurs & Prêtres du Seminaire de Roüen : Contredits du Procureur Général de la Réformation, signifiez le 25. Juillet 1737. Requête de défenses ausdits Contredits, par lesdits Sieurs dudit Seminaire de Roüen.

Triage de Martimare & Chêne-à-Leu.

UNE Copie collationnée d'Ajudication, du 18. Aoust 1657. Quitances de païement du prix principal & sol pour livre de ladite Ajudication, des 13. Septembre & 20. Novembre 1657. L'Acte de mise en possession de ladite Ajudication, par les Sieurs Commissaires, du 30. Octobre 1657. registrée à la Chambre des Comptes & Bureau des Finances de Roüen, les 19. & 22. Mai 1665. Une Sentence du Sieur Grand-Maître, du 10. Mai 1661. registrée en la Maîtrise, le 2. Janvier 1662. & ausdites Chambre des Comptes & Bureau des Finances de Roüen, lesdits jours 19. & 22. Mai 1665. Un Contrat de vente & cession, du 15. Janvier 1662. registré ausdites Chambre des Comptes & Bureau des Finances, lesdits 19. & 22. Mai 1665. Un Arrest du Conseil, du 18. Janvier 1687. Une Quitance du Garde du Tresor Roïal, du 29. Mars 1691. Un autre Contrat de vente, du 24. Mars 1710. & un autre Contrat de vente, du 9. Septembre 1730. produits par le Sieur de Sozay : Contredits dudit Procureur Général, signifiez le 17. Mai 1737. Réponse à iceux, du 3. Juin 1737. ensemble par Production nouvelle, un Contrat de vente, du 20. Séptembre 1624. & Copie dudit Contrat, du 9. Septembre 1730. Conclusions préparatoires dudit Procureur Général ; & nôtre Ordonnance du 3. Juin 1737. signifiée le 15. Juin audit an : Procès verbal d'arpentage, des 25. & 26. Juin 1737. Requête de défenses dudit Sieur de Sozay, du 8. Juillet 1737. & Requête du Sieur de Victot apellé en garantie, du 9. dudit mois de Juillet audit an.

Triage des Zétis & Argillieres.

LES Titres & Piéces ci-devant énoncez, & produits par ledit Sieur de Sozay.

Une Requête, ensemble une Copie collationnée d'Adjudication, du 3. Janvier 1594. Quitance du prix de ladite Adjudication, dudit jour 3. Janvier audit an : Une Ordonnance du Sieur de Mascranny, du 20. Juin 1671. pour l'exécution des Lettres Patentes du 18. Octobre 1664. Une signification de ladite Ordonnance, du 3. Octobre 1672. Une Copie collationnée d'Arrest du Conseil, du 5. Septembre 1693. produite par le Sieur Daubeuf, Seigneur de Canteleu.

Ce qui résulte de nôtredit Procès verbal de Visite, concernant le Sieur de Captot.

Les Titres & Piéces ci-devant énoncez, & produits par le Sieur Daubeuf.

Triage des Côteaux de Dieppedale & Croisset.

COPIE collationnée d'un Contrat de vente, du 2. Novembre 1605. d'une Déclaration à la Seigneurie de Canteleu, du 14. Juillet 1612. & d'un autre Contrat de vente, du 23. Décembre 1715. produits par Robert Blie.

Copie collationnée d'un Acte de mise en possession, du 1577. sur Commission du Sieur de Thou Commissaire, du 22. Novembre lors dernier, produit par le Sieur le Fort.

Copie collationnée d'un Acte de mise en possession, sur Commission dudit Sieur de Thou Commissaire, du 1577. de la Fiéfe ajugée le dernier Decembre 1576. produite par le Sieur Cabot.

Une Requête, ensemble Copie collationnée d'une Ajudication du 14. Novembre 1576. d'autre Ajudication du 6. Mai 1578. d'un Procès verbal d'arpentage, du 19. Février 1663. d'un Contrat de vente, du 26. Juin 1663. d'autre Contrat de vente, du 11. Mars 1663. & d'autre Contrat de vente, du 4. Janvier 1688. produites par le Sieur Lézurier.

Un Aveu à la Seigneurie de Canteleu, du 3. Juillet 1686. produit par Simon Pigache.

Un Contrat de vente, du 30. Juin 1727. produit par François Goſſelin.

Une Copie collationnée d'Ajudication par decret, du 6. Février 1722. produite par la Veuve Pavie.

Ce qui réſulte de nôtredit Procès verbal de Viſite, concernant le Sieur Laiſné.

Une Copie de Quitance du Garde du Treſor Roïal, du 27. Novembre 1677. Une Sentence de la Maîtriſe de Roüen, du 16. Juin 1679. produites par le Sieur de Lezeau.

Ce qui réſulte de nôtredit Procès verbal de Viſite, concernant le Sieur d'Epinay.

Un Contrat de vente, du 18. Décembre 1675. produit par les Religieux Penitens de Sainte Barbe.

Les Titres & Piéces ci-devant énoncez, & produits par ledit Sieur Daubeuf.

GARDE DE SAINT-PIERRE de Manneville.

Triage des Côteaux de Dieppedalle & Bieſſart.

UNE Signification du 14. Septembre 1726. pour le païement du Droit de Confirmation : Autres Commandemens à ce ſujet, des 10. Décembre 1726. & 16. Juillet 1728. Requête & Ordonnance du Sieur Intendant de Roüen, du 19. Aouſt 1728. de modération de la taxe dudit Droit : Quitance de païement au Prépoſé, du 28. Aouſt 1728. produites par la Dame de la Hogue : Contredits du Procureur Général, ſignifiez le 4. Juillet 1737. Réponſe à iceux, du 9. dudit mois d'Aouſt audit an ; enſemble par Production nouvelle, une

Copie collationnée d'Ajudication par le Sieur de Thou, du 21. Novembre 1576. & Quitance de païement du prix principal & deux ſols pour livre d'icelle, du 20. Novembre 1576

Ce qui réſulte de nôtre Procès verbal de Viſite, concernant le Sieur Bachelier.

Un Contrat de Fiéſe, du 9. Octobre 1665. produit par Michel le Marié.

Une Déclaration à la Seigneurie de Canteleu, du 25. Juin 1668. Un Contrat de Fiéſe, du 16. Juin 1703. & un Aveu du 27. Aouſt 1724. produits par Charles Martin.

Copie collationnée d'un Contrat de vente, du 23. Février 1604. & d'une Tranſaction du premier Décembre 1701. produite par le Sieur Dubuſc.

Une Copie collationnée d'un Contrat d'Echange, du dernier Juin 1662. produite par la Veuve Noël Agaſſe.

Copies collationnées d'extraits d'un Contrat de ceſſion, du 9. Juillet 1675. d'une Sentence de la Vicomté de Roüen; d'un Aveu du 7. Juillet 1678. à la Seigneurie de Canteleu; d'un Contrat de Fiéſe, du 9. Octobre 1696. & d'un autre Contrat de Fiéſe, du 20. Février 1714. produites par le Sieur Roger.

Une Requête, enſemble une Déclaration à la Seigneurie de Canteleu, du 25. Juin 1668. Autre Déclaration à ladite Seigneurie, du premier Mars 1686. Une Copie collationnée d'une Ordonnance du Sieur Intendant de Roüen, du 4. Juin 1729. produites par le Sieur le Tellier.

Les Titres & Piéces ci-devant énoncez, & produits par ledit Sieur Roger.

Une Ajudication par Decret, du 30. Mars 1689. Copies collationnées d'un Contrat du 15. Janvier 1708. & d'un Aveu à la Seigneurie de Canteleu, produites par Pierre Lemaître.

Les Titres & Piéces ci-devant énoncez, & produits par ladite Dame de la Hogue.

Triage des Côteaux de Bieſſart & Mare-du-Fey.

Une Requête, enſemble Copies collationnées le 24. Janvier 1737. ſur autres Copies collationnées aux Originaux en parchemin, le 12. Novembre 1672. de deux Chartres latines; la premiere, d'Henri Roy d'Angleterre, Duc de Normandie & d'Aquitaine, Comte d'Anjou; la ſeconde, de Richard Roy d'Angleterre, Duc de Normandie, datée du 5. Janvier l'an cinquiéme de ſon Régne, de donations à l'Ordre de S. Jean de Jeruſalem, produites par le Sieur Commandeur de Sainte Vaubourg.

Copies collationnées d'un Contrat de Fiéfe, du 10. Séptembre 1661. Contredits du Procureur Général, ſignifiez le 9. Juillet 1737. Réponſe à iceux; enſemble Copie collationnée d'une Ordonnance du Sieur de Maſcranny, du dernier Mai 1677. & un Contrat de Fiéfe, du 23. Aouſt 1715. produites par Guillaume Choüart.

Un Commandement, du Décembre 1693. Un Arpentage, du 17. Avril 1664. Une Ordonnance du Sieur de Maſcranny, du 28. Mai 1671. Une Quitance du Droit de Confirmation, du 27. Juin 1727. Un Bail du 30. Avril 1693. Un Contrat de Fiéfe, du premier Septembre 1709. Autre Contrat de Fiéfe, du 18. Février 1711. & un Arpentage du 9. Aouſt 1737. produits par Mathieu Agaſſe.

Une Ordonnance du Sieur du Boulay, du 21. Juillet 1663. Copie collationnée d'un Contrat, du 12. Aouſt 1692. Contredits du Procureur Général : Réponſe à iceux; enſemble un Contrat de vente, du 8. Juin 1649. Une Déclaration au Terrier de Sa Majeſté, du 24. Janvier 1680. Une Requête du 11. Avril 1663. Autre Déclaration au Terrier de Sa Majeſté, du 5. Juin 1673. & deux Quitances de Cens, des 20. Janvier &

24. Avril 1677. produits par le Sieur le Mercier :

Une Copie collationnée d'un Contrat de ceſſion, du premier Mars 1683. produite par la Dame Hamelot.

Un Contrat de Fiéfe, du 7. Novembre 1693. produit par Charles Polgueroult.

Un Contrat de Fiéfe, du 2. Octobre 1692. & un Aveu du 11. Aouſt 1732. à la Seigneurie de Montigny, produits par Loüis Quimbel :

Un Contrat de vente, du 21. Juin 1630. produit par Jacques Duclos.

Les Titres & Pieces ci-devant produits par ledit Sieur Dubuc.

Une Requête, enſemble Copie collationnée d'un Aveu, du 7. Septembre 1643. à la Seigneurie de Montigny ; d'autre Aveu du 31. Mai 1688. à ladite Seigneurie ; & d'autre Aveu du 10. Juin 1689. à ladite Seigneurie, produites par ledit Mathieu Agaſſe.

Les Titres & Piéces ci-deſſus produits par ledit Mathieu Agaſſe, emploïez en Production pour Guillaume Agaſſe, la Veuve de Guillaume Agaſſe, & encore pour ledit Mathieu Agaſſe.

Un Contrat de Fiéfe, du 14. Juin 1683. & un Aveu à la Seigneurie de Canteleu, produits par la Veuve Delan.

Un Contrat de vente, du 30. Juin 1727. produit par ledit François Goſſelin.

Un Aveu à la Seigneurie de Canteleu, produit par Pierre Goſſelin.

Les Titres & Piéces ci-devant produits par ledit Sieur Dubuc.

Une Déclaration du 3. Aouſt 1724. à la Seigneurie de Canteleu, produite par François Duclos.

Copies collationnées d'Aveux à la Seigneurie de Canteleu, des 15. Juin 1669. 9. Aouſt 1703. & 12. Septembre 1733. produits par le Sieur Dupuis.

Triage de Mare-d'Epinay.

POINT de Riverains.

Triage de Mare-Haudry.

UNE Requête, enſemble Copie collationnée d'une Ajudication, du 25. Mars 1577. Une Sentence du Lieutenant des Eaux & Forêts de Roüen, du premier Juin 1577. Une Quitance du 14. Novembre 1585. Un Jugement de Confirmation, dudit jour 14. Novembre 1585. Autre Jugement de main-levée, du 17. Aouſt 1610. Une Quitance de Cens, du 5. Aouſt 1725. Une autre Quitance du Droit de Confirmation, du 6. Décembre 1726. & Procès verbaux des premier & 7. Avril 1737. produits par les Sindic & Habitans de S. Pierre de Manneville.

Triage de la Queuë de Manneville.

LES Titres & Piéces ci-devant produits par leſdits Sindic & Habitans de S. Pierre de Manneville.

Une Requête preſentée par le Sieur de Villers, & ce qui réſulte de nôtre Procès verbal de Viſite.

Un Aveu du 7. Décembre 1734. à l'Abaïe de S. George de Bocherville, produit par le Sieur Loüis Gilles.

Extraits collationnez du Contrat de vente, du 24. Février 1598. d'autre Contrat de vente, du 19. Octobre 1598. d'un Contrat d'échange, du 31. Aouſt 1638. d'un Aveu à la Seigneurie de Sahurs, du 24. Octobre 1641. produits par le Sieur Billoüet Gréfier.

Copie collationnée d'un Contrat de vente, du 7. Avril 1600. d'autre Contrat de vente, du 26. Avril 1714. & d'autres Contrats de vente, des 28. Octobre 1641. 28. Juin 1639. 23. Octobre 1593. 12. Mai 1593. & 15. Avril 1593. produits par le Sieur Billoüet Avocat.

Copies collationnées d'un Contrat de Fiéfe, du 15. Novembre 1704. & d'autre Contrat du 20. Mai 1716. produits par Pierre Fessart.

Un Aveu de l'Abaïe de S. George de Bocherville, du 12. Juillet 1664. Une Copie collationnée d'un Contrat de cession, du 12. Février 173... produits par le Sieur de Girondelle de Lingende.

Un Acte de Partages, du 15. Mai 1661. produit par Catherine Fessart.

Copies collationnées d'un Contrat de vente, du 28. Avril 1632. d'une Transaction du 3. Décembre 1707. & d'un Contrat de Fiéfe, du 3. Novembre 1716. produit par la veuve Turgis.

Une Déclaration à la Seigneurie de Sahurs, du 10. Décembre 1688. produite par Nicolas Cavelier.

Une Requête, ensemble un Contrat de vente, du 10. Novembre 1599. Autre Contrat de vente, du 30. Mars 1610. & un Bail du 13. Mai 1646. produit par la Dame Dumesnil.

Les Titres & Piéces ci-devant produits par ledit Sieur Billoüet Gréfier.

Ce qui résulte de nôtredit Procès verbal de Visite, concernant le Sieur Boutemont.

Les Titres & Piéces ci-devant produits par ledit Pierre Fessart.

Un Acte de Partages, du 21. Octobre 1695. produit par François Piel.

Copies collationnées d'un Contrat de vente, du 19. Février 1652. d'un Contrat d'Echange, du 15. Mars 1653. & d'un Contrat de Fiéfe, du 8. Janvier 1725. produites par Jean Fleury.

Ce qui résulte de nôtre Procès verbal de Visite, concernant Jacques Fessart, le Sieur de Berville, Pierre Toüye, la Veuve Lefévre, ledit Sieur de Berville, & le Sieur le Métais, pour leurs héritages séparément.

Une Copie collationnée d'Ajudication, du 6. Mai 1578. par le Sieur de Thou, Commissaire à ce député : Une Quitance du 7. Mars 1577. du prix principal & deux sols pour livre du prix de ladite Ajudication, & plusieurs Quitances de redevances païées au Domaine, par les Habitans de Sahurs & Hautot.

Triage du Basboc.

UNE Requête du 5. Juillet 1737. ensemble un Contrat du 14 Avril 1712. d'Aliénation faite par les Commissaires de Sa Majesté : Deux Quitances du Garde du Tresor Roïal, du prix principal de ladite Aliénation, & deux sols pour livre d'icelle, toutes deux datées du 16. Mars 1712. produites par le Sieur de Soquence.

Les Titres & Pieces ci-devant produits par ledit Sieur Commandeur de Sainte Vaubourg.

GARDE DE SAINT-GEORGE.

Triage du Beauchenot & Valnays.

UN Contrat de vente, du 28. Septembre 1722. Contredits du Procureur Genéral ; Réponse à iceux : Ensemble une Ajudication du 4. Septembre 1657. & Quitance du païement d'icelle : Un Procès verbal du 17. Septembre 1685. Un autre Procès verbal du premier Avril 1737. Une Sentence de la Maîtrise de Roüen, du 3. Avril 1737. & un autre Procès verbal des Oficiers de ladite Maîtrise, pour raison d'abatis de quelques Arbres, & autres Pieces concernant les demandes respectives du Sieur Frault, de la Dame veuve du Sieur Barentin, & des Sindic & Habitans de S. Pierre de Manneville, pour raison de proprieté de terrain contesté entre lesdites Parties, produits par ledit Sieur Frault.

Les Pieces & Titres ci-devant produits par lesdits Sindic & Habitans de S. Pierre de Manneville.

Un Contrat de vente, du 21. Décembre 1671. produit par la veuve Nicolas le Noble.

Un Aveu à la Seigneurie de Manneville, du 21. Aoust 1684. Une Copie collationnée d'une Sentence de la Vicomté de Roüen, du 19. Juin 1707. Un Contrat de Fiéfe, du 4. Aoust 1704. & une Requête jointe à la Production ci-dessus, par Joseph Gazet.

Un Aveu du 21. Aoust 1684. à la Seigneurie de Manneville : Un Contrat de raquit de Fiéfe, du 19. Janvier 1727. Copie collationnée d'autre Contrat de Rachat de rente, du 2. Novembre 1731. Requête jointe à ladite Production : Contredits du Procureur Général, signifiez le 3. Juin 1737. Réponse à iceux, du 28. du même mois de Juin : Ensemble un Contrat de Fiéfe, du 31. Mars 1724. & l'Original du Contrat ci-dessus, du 2. Novembre 1731. Nôtre Jugement du 12. Juillet 1738. Une Requête, & par Production nouvelle, un Extrait d'un Procès verbal, du Sieur de Mascranny, du 15. Juin 1677. produit par Bernard Bataille.

Les Titres & Pieces ci-devant produits par ledit Joseph Gazet.

Une Transaction du 29. Juin 1663. Une Ordonnance du Juge de Manneville, du 6. Juillet 1686. & un Bail sous seing privé, du 7. Mars 1708. produits par le Sieur de Jort.

Copie d'un Aveu du 26. Octobre 1698. produit par le Sieur de Bourneville : Contredits du Procureur Général, du 23. Mai 1737. Nôtre Ordonnance du 3. Juin ensuivant, signifiée le 17. du même mois de Juin audit an : Réponse à iceux, du 28. Juin 1737. Ensemble par nouvelle Production du Sieur de Bourneville, un Contrat de vente, du 5. Novembre 1681. Conclusions dudit Procureur Général sur ladite nouvelle Production : Nôtre Ordonnance du 5. Juillet 1737.

Copie collationnée d'Extrait d'un Contrat de vente, du 22. Juin 1701. produite par le Sieur Néel.

Un Arrest du Parlement, du 29. Aoust 1572. Un Contrat de vente, du 12. Mars 1601. Copie collationnée d'un Contrat de vente, du 20. Mars 1655. produits par le Sieur Président de Louraille.

Triage du Val-Quindeüil.

Les Titres & Piéces ci-devant produits par ledit Sieur Président de Louraille.

Un Contrat de Fiéfe, du 20. Avril 1701. produit par François Caron.

Les Titres & Piéces ci-devant produits par ledit Sieur de Louraille.

Copie collationnée d'un Contrat de Fiéfe, du 26. Septembre 1731. produit par Jean Chartier.

Un Contrat de Fiéfe, du 27. Mars 1731. & un autre Contrat du 27. Aoust 1731. produits par Charles Anfrye.

Ce qui résulte de nôtredit Procès verbal de Visite, concernant David Morin.

Un Contrat de vente, du 24. Juillet 1693. Un autre Contrat de vente, du 9. Mars 1731. produits par la Veuve & Héritiers du Sieur Jean Hebert.

Une Copie collationnée d'un Contrat de vente, du 23. Juin 1718. produite par le Sieur le Roy.

Les Titres & Piéces ci-devant produits par ledit Sieur Président de Louraille.

Triage du Val-au-Fenil & Geneté.

Les Titres & Piéces ci-devant produits par ledit Sr Préſident de Louraille, ſervant auſſi aux Communes de Quevillon.

Les Titres & Piéces ci-devant produits par ladite Veuve & Heritiers dudit Sieur Jean Hebert.

Une Sentence du 15. Mai 1651. produite par le Sieur de Crevecœur : Contredits du Procureur Général ; Réponſe à iceux : Et par Production nouvelle, Copie d'un Procès verbal du Sieur de Maſcranny, du 15. Juin 1677.

Un Contrat de delaiſſement, du 25. Mai 1648. Un autre Contrat de ceſſion, du 30. Novembre 1665. produits par le Sieur Abé de Bebec : Contredits du Procureur Général ; & nôtre Ordonnance du 3. Juin 1737. Réponſe à iceux, du 22. dudit même mois de Juin.

Copies collationnées d'une Ajudication par le Sieur de Thou Commiſſaire de Sa Majeſté, du dernier Mai 1577. d'un Extrait de Compte, du 24. Décembre 1642. Une Sentence de la Maîtriſe de Roüen, du 26. Janvier 1623. Un Procès verbal du 7. Mai 1625. Une Déclaration au Terrier de Sa Majeſté, du 14. Mai 1681. Pluſieurs Quitances de Cens, depuis 1683. juſqu'en 1707. Copie collationnée d'un Jugement du Sieur Montbas Grand-Maître, du 5. Mai 1643. Copie d'une Opoſition de la part des Habitans du Geneté, du 6. Juin 1684. Copie d'une Sentence du Siege de Lions, du 13. Juillet 1684. Une Requête deſdits Habitans, du 13. Octobre 1684. Copie d'Ajudication du Fief du Geneté, du 26. Octobre 1684. Enſemble une Requête produite par les Habitans du Hameau du Geneté.

Ce qui réſulte de nôtredit Procès verbal de Viſite, concernant la veuve Nicolas Coignet & Nicolas Joüan.

Une Copie collationnée d'Extrait d'Ajudication par decret,

du 7. Septembre 1701. produite par le Sieur Vignon.

Ce qui résulte de nôtredit Procès verbal de Visite, concernant les veuves le Mourne & le Hucher, pour leurs Heritages séparement.

Une Requête & Copie collationnée d'un Contrat de vente, du 9. Juillet 1726. produites par le Sieur Moulin.

Un Contrat de vente, du 15. Mai 1657. produit par le Sieur Wanlaer.

Une Requête presentée par le Sieur Berruyer du Vauroüit; & ce qui résulte de nôtre Procès verbal.

Un Contrat de vente, du 24. Octobre 1724. Un Acte de Lots de partages, du 17. Février 1718. & un Aveu, du 30. Avril 1731. produits par Jacques Coignet.

GARDE D'HENOUVILLE.

Triage du Clos-Cottin.

UNE Requête presentée par les Religieux de l'Abaïe de Saint George.

Un Contrat de vente, du 8. Octobre 1648. produit par la Dame Duclos.

Un Aveu du 10. Juillet 1709. Un autre Aveu du 8. Aoust 1716. Une Copie collationnée d'un Contrat de vente, du 14. Janvier 1708. produits par Abraham le Vasseur.

Les Titres & Pieces ci-devant produits par ledit Jacques Coignet.

Copie d'un Contrat de Fiéfe, du 2. Juillet 1700. produite par André Préaux.

Triage de la Mare-Puante & Mare-Pereuse.

Les Titres & Pieces ci-devant produits par ledit Sieur d'Amontot.

Les

Les Titres & Pieces ci-devant produits par ledit André Préaux.

Copie collationnée d'un Contrat de Fiéfe, du 13. Octobre 1681. Contredits du Procureur Genéral, signifiez le 30. Juillet 1737. & Réponse à iceux par la veuve & heritiers de Guillaume Denize.

Les Titres & Pieces ci-devant produits par ladite Dame Duclos.

Copie collationnée d'un Contrat de vente, du 29. Janvier 1568. produite par Loüis Grenier.

Extraits collationnez d'un Contrat de Fiéfe, du dernier Décembre 1598. d'autre Contrat de vente, du 2. Janvier 1708. d'Ordonnances du Sieur de Mascranny, des 29. Mai, 18. Juin 1671. 20. Aoust 1676. & dernier Mai 1677. concernant les Fossez à faire, & Bornes à planter, produits par le Sieur Charpentier.

Copies collationnées d'un Arrest du Conseil, du 16. Avril 1668. d'autre Arrest du 27. Février 1688. d'une Ordonnance de Main-levée, par ledit Sieur de Mascranny, du premier Juillet 1677. & d'un Contrat de vente, du 23. Mai 1719. produites par le Sieur du Perray.

Ce qui résulte de nôtredit Procès verbal de Visite, concernant le Sieur Alexandre.

Copie collationnée d'un Contrat de vente, du 20. Avril 1735. produite par le Sieur de Bermonville.

Les Titres & Pieces ci-devant produits par le Sieur d'Amontot.

Une Requête, ensemble Copie collationnée d'un Contrat de vente, du 20. Mars 1677. & d'un autre Contrat de vente, du 11. Février 1701. produites par le Sieur Desmarets.

Les Titres & Pieces ci-devant produits par ledit Sieur Alexandre.

Les Titres & Pieces ci-devant produits par ledit Sieur d'Amontot.

Copies collationnées d'un Contrat de Fiéfe, du 10. Novembre 1634. d'autre Contrat de Fiéfe, du 10. Novembre 1625. d'autre Contrat de vente, du 19. Juin 1629. produites par Ambroise Villette.

Une Requête, & ce qui résulte de nôtredit Procès verbal de Visite, concernant le Sieur Alain.

Ce qui résulte de nôtre Procès verbal de Visite, concernant Pierre Benoist.

Copie collationnée d'un Contrat de cession, du 20. Novembre 1687. produite par Pierre Mignot.

Copies collationnées d'un Acte de Lots de partages, du 9. Février 1661. & d'un Contrat de vente, du 30. Juin 1691. produites par le Sieur Huet.

Copies collationnées d'Aveux, des 16. Juillet 1611. & 22. Juillet 1712. produites par Pierre le Duc.

L'Emploi des Aveux ci-dessus produits, tant pour ledit Pierre le Duc, que pour Antoine Léguillon.

Copies collationnées d'un Contrat de vente, du 14. Juin 1727. d'autre Contrat de vente, du 30. Septembre 1731. d'un Contrat de Fiéfe, du 26. Juillet 1729. d'Extrait d'un Procès verbal, du 20. Septembre 1704. & d'une Ordonnance du Sieur de Savary Grand-Maître, du 25. Octobre 1704. produites par le Sieur Maillard.

Les Titres & Pieces ci-devant produits par ledit Sieur d'Amontot.

Triage de Platte-Coste & Belley.

Les Titres & Pieces ci-devant produits par ledit Sieur du Perrey.

Ce qui réſulte de nôtredit Procès verbal de Viſite, concernant le ſieur Chandelier.

Ce qui réſulte de nôtredit Procès verbal de Viſite, concernant les Communes d'Henouville.

Une Sentence du 13. Juin 1564. Une Ajudication du 14. Novembre 1576. Un Contrat de vente, du 22. Janvier 1631. Une Ordonnance du Sieur de Maſcranny, du 3. Juillet 1671. produits par le Sieur du Reſnel : Contredits du Procureur Genéral, ſignifiez ; Réponſe à iceux fournie par ledit Sieur du Reſnel.

Les Titres & Pieces ci-devant produits par ledit Sieur de Bermonville.

Les Titres & Pieces ci-devant produits par ledit Sieur d'Amontot.

Ce qui réſulte de nôtredit Procès verbal de Viſite, concernant Claude Senart.

Les Titres & Pieces ci-deſſus produits par ledit Sieur Alexandre.

Triage de Flamare.

Les Titres & Pieces ci-deſſus produits par ledit Sieur du Reſnel.

Ce qui réſulte de nôtre Procès verbal de Viſite, concernant Loüis le Vaſſeur & Pierre Boullanger.

Un Acte de Lots de partages, & un Aveu du 12. Aouſt 1712. produits par Loüis Huë.

Un Arreſt de la Chambre des Comptes, du 18. Juin *1696.* produit par le Sieur Néel, pour Loüis le Roux.

Ce qui réſulte de nôtredit Procès verbal de Viſite, concernant Antoine le Coffre.

Un Contrat de vente, du 24. Mars 1638. & un autre Contrat de vente, du premier Aouſt 1684. produits par Loüis Blie.

Ce qui réſulte de nôtredit Procès verbal de Viſite, concernant le Sieur Fizelier.

Une Copie collationnée d'un Arreſt du Conſeil, du 2. Mai 1643. d'un Jugement du 26. Septembre 1659. & d'une Quitance du 13. Décembre 1659. produite par le Sieur Curé d'Henouville.

Copie collationnée d'un Aveu, du 25. Aouſt 1642. produite par François Veillon.

Une Copie collationnée d'un Contrat de Fiéfe, du 4. Septembre 1702. produite par Michel Thiel.

Les Titres & Piéces ci-devant produits par ledit Sr Fizelier.

Ce qui réſulte de nôtredit Procès verbal de Viſite, concernant les Communes de Meſnil.

Triage de Grand-Pré.

LES Titres & Piéces ci-devant produits par le Sieur Curé d'Henouville.

Ce qui réſulte de nôtredit Procès verbal de Viſite, concernant Loüis Pigache.

Ce qui réſulte de nôtredit Procès verbal de Viſite, concernant les Communes de la Fontaine.

Extrait collationné d'un Contrat de Fiéfe, du 28. Avril 1694. produit par Nicolas Corbran.

Copie collationnée d'un Contrat de Fiéfe, du 6. Février 1700. produite par la veuve Coudray : Contredits du Procureur Général ; Réponſe à iceux : Enſemble une Requête de la Dame de Fumechon, apellée en garantie ; à laquelle joint Extraits d'un Contrat de vente, du 18. Février 1713. d'une Ajudication du 15. Janvier 1688. & de Sentences d'Envoi en poſſeſſion, des 5. Février & 6. Mars 1688. produits par ladite Dame de Fumechon.

Une Requête, enſemble un Contrat de Fiéfe, du 9. Mai 1703. Un Contrat de vente, du 18. Mai 1703. & un Contrat de ceſſion à Clameur, du 24. Mai 1703. produits par le Sieur de Grenonville.

Les Titres & Piéces ci-devant, produits par ledit Sieur Preſident de Louraille.

Copie collationnée d'un Contrat de vente, du 27. Juillet 1584. produite par le Sieur d'Orgeval.

Un Contrat de Fiéfe, du 28. Décembre 1723. produit par Thomas Lenfant.

Les Titres & Pieces ci-devant produits par ledit Sieur d'Orgeval.

Une Copie collationnée d'un Contrat de vente, du 12. Janvier 1736. avec une Requête, produites par le Sieur Lhermette.

Triage du Val-Saint-Leonard & Marre-Soigne.

UNE Requête, enſemble une Quitance de païement d'Adjudication, du 19. 1657. Un Jugement de Miſe en poſſeſſion par le Sieur de Montbas, du 4. Novembre 1657. Un Procès verbal du Sieur du Molinet, du 17. Décembre 1667. Un Arreſt du Conſeil, du 16. Avril 1668. Une Ordonnance du Sieur de Maſcranny, de Miſe en poſſeſſion, du 26. Mai 1671. & une Quitance ſignée Bartillat, du dernier Décembre 1674. produits par le Sieur du Sauſſay.

Un Contrat de Fiéfe, du 19. Novembre 1634. produit par Jean Maury.

Un Contrat de Fiéfe, du 10. Novembre 1734. produit par Michel Hardy.

Les Titres & Piéces ci-devant produits par ledit Ambroiſe Villette.

Une Copie collationnée d'un Contrat, du 4. Décembre 1711. de ceſſion à Clameur, produite par Michel Gonot.

Une Copie collationnée d'un Contrat de Fiéfe, du 10. Novembre 1635. produite par Nicolas Hardy.

Un Contrat de Fiéfe, du 19. Décembre 1711. produit par Jean Hardy.

Deux Actes de Lots de partages, des 26. Septembre 1651. & 14. Septembre 1682. produits par François Godailler.

Les Titres & Piéces ci-devant produits par ledit Sieur d'Amontot.

GARDE DE MAROMME,

Triage du Val-Saint-Leonard & Marre-Soigne.

Les Titres & Piéces ci-devant produits par ledit Sieur du Sauſſay.

Copies collationnées d'un Contrat de vente, du 9. Février 1604. & d'un Aveu du premier Septembre 1689. Contredits du Procureur Général, ſignifiez ; Réponſe à iceux fournie par ledit Sieur de la Vaupaliere.

Deux Aveux des 4. Juillet 1662. & 16. Septembre 1711. produits par le Sieur Guebert.

Ce qui réſulte de nôtredit Procès verbal de Viſite, concernant Pierre Labé & Jean Coret.

Copies collationnées d'un Contrat de Fiéfe, du 25. Juin 1650. & d'un Aveu du 19. Mai 1712. produites par Jean Cleret.

Ce qui réſulte de nôtredit Procès verbal de Viſite, concernant Jacques Petit-Valet.

Un Contrat de Fiéfe, du dernier Juillet 1696. produit par François Renard.

Les Titres & Piéces ci-devant produits par ledit Ambroiſe Villette.

Une Requête, enſemble une Sentence, du 10. Juillet 1683. produites par le Sieur Dumont.

Triage de Clos-en-Paon & Vaumain.

Les Titres & Piéces ci-deſſus produits par ledit Jacques Petit-Valet.

Ce qui réſulte de nôtredit Procès verbal de Viſite, concernant Nicolas Chartrain & Guillaume Bailleul.

Les Titres & Piéces ci-devant produits par ledit Sieur de la Vaupaliere.

Deux Jugemens d'Envoi en poſſeſſion, par le Sieur de Montbas, des 10. Décembre 1657. & 24. Juin 1659. & un Arreſt du Conſeil, du 31. Décembre 1669. produits par le Sieur Deſmarets, aux droits du Sieur Dambray.

Les Titres & Piéces ci-devant produits par ledit Sieur d'Amontot.

Un Contrat de vente, du 26. Avril 1649. produit par le Sieur de Jort.

Triage du Défend.

Copie collationnée d'un Contrat de Fiéfe, du 7. Avril 1690.

Une Requête & Copies collationnées d'une Ajudication, du 25. Aouſt 1657. d'une Quitance du 20. Octobre 1657. Une Ordonnance de Miſe en poſſeſſion, du 10. Décembre 1657. Un Procès verbal du 4. Décembre 1667. Une Ordonnance du 4. Avril 1667. Un Arpentage du 6. Juin 1663. & autres Piéces produites par le Sieur de Châlon.

Quitances des 23. Janvier 1710. 7. Juillet 1728. 9. Aouſt

1730. & 29. Mars 1734. de Rentes païées au Domaine, produites par les Tresoriers de la Paroisse de Maromme.

Triage du Coupeau-du-Mont.

Ce qui résulte de nôtredit Procès verbal de Visite, concernant le Sieur Archevêque de Roüen.

Deux Aveux des 23. Septembre 1712. & 20. Mai 1723. produits par le Sieur de S. Clair.

Copie collationnée d'un Contrat de vente, du 3. Aoust 1690. & une Sentence de la Maîtrise de Roüen, du 4. Décembre 1705. produites par le Sieur Testart.

Ce qui résulte de nôtredit Procès verbal de Visite, concernant la Veuve de Jacques Léguillon.

Les Titres & Piéces ci-devant produits par ledit Sieur d'Amontot.

Les Titres & Piéces ci-devant produits par ledit Sieur de Jort.

Les Titres & Piéces ci-devant produits par ledit Sieur Desmarets.

Les Titres & Piéces ci-devant produits par ledit Sieur Desmarets.

Les Titres & Piéces ci-devant produits par Nicolas Delamare.

Les Titres & Piéces ci-devant produits pour lesdites Communes de Maromme.

Ce qui résulte de nôtredit Procès verbal de Visite, concernant l'Hôpital de la Madeleine de Roüen.

Les Titres & Piéces ci-devant produits pour lesdites Communes de Maromme.

Un Contrat de Fiéfe, du 20. Novembre 1726. produit par la Demoiselle Rogerau.

Ce

Ce qui résulte de nôtredit Procès verbal de Visite, concernant Nicolas-François Lefévre.

Les Titres & Piéces ci-devant produits par le Sieur Archevêque de Roüen.

Triage de Marre-des-Saulx.

Les Titres & Piéces ci-devant produits par le Sieur Archevêque de Roüen.

Les Titres & Piéces ci-devant produits par ledit Bosquillon.

Les Titres & Piéces ci-dessus produits par ledit Sieur Lallemant.

Extrait collationné d'un Contrat, du 29. Aoust 1431. de Bail à toûjours; d'autre Contrat de cession, du 22. Février 1433. d'un Procès verbal du premier Aoust 1539. d'un Jugement du 13. Juillet 1637. d'un Procès verbal d'Arpentage, du 28. Janvier 1664. d'une Ordonnance du Sieur de Mascranny, du 12. Juin 1673. d'un Procès verbal de Bornage, du 16. Aoust 1677. produits par les Religieux de Saint Antoine de Roüen : Contredits du Procureur Général, signifiez; Réponse à iceux; ensemble par production nouvelle, une Requête du 27. Avril 1672. un Procès verbal du 12. Juin 1671. & deux Ordonnances des 9. Juillet & 8. Septembre 1672. produits par lesdits Religieux de S. Antoine de Roüen.

Les Titres & Piéces ci-devant produits par ledit Sieur Daubeuf.

Un Aveu du 13. Juillet 1665. produit par le Sieur Guesdon.

Ce qui résulte de nôtredit Procès verbal de Visite, concernant Charles Calet.

Un Contrat de Fiéfe, du 17. Juin 1722. produit par le Sieur Lernault.

Deux Aveux des 22. Novembre 1644. & 20. Avril 1651. Un Contrat de vente, du 16. Aouſt 1659. & un autre Contrat de vente, du 10. Aouſt 1666. produits par la Dame Barjolle.

FOREST DE ROUVRAY.

GARDE DE LINANT,

Triage du Val S. Aubin, Roches d'Orival & Tête-au-Cheval.

UN Extrait de Saiſie réelle & d'Ajudication par decret, des 13. Septembre, 11. Octobre 1699. & 9. Juin 1701. produit par le Sieur Boulier.

Une Requête, enſemble un Extrait collationné d'un Contrat de vente, du 9. Février 1729. produits par Michel Lefévre.

Copies collationnées d'un Contrat, du 21. Décembre 1695. de Reconnoiſſance d'autre Contrat de Fiéfe, du 14. Septembre 1641. produites par Nicolas, Pierre & Mathieu Plantrou.

Ce qui réſulte de nôtredit Procès verbal de Viſite, concernant la Veuve de Guillaume Lebret.

Une Copie collationnée d'un Contrat de Fiéfe, du 30. Novembre 1702. produite par Loüis & Jean Lebret.

Ce qui réſulte de nôtredit Procès verbal de Viſite, concernant Marguerin Patalier, Joſeph Labbé, Nicolas-Alexandre Deshays, Barbe Caron & Martin Lefévre, pour leurs Heritages ſéparément.

Une Sentence du Lieutenant Général des Eaux & Forêts de Roüen, du 9. Janvier 1646. produite par Jean du Rufley.

Copies collationnées d'un Contrat de Fiéfe, du 29. Septembre 1666. & d'un Contrat de vente, du 2. Mars 1724. produites par Loüis Hedoüin.

Les Titres & Piéces ci-devant produits par ledit Sr Boulier.

Les Titres & Piéces ci-deſſus produits par ladite Veuve Lebret.

Un Aveu du premier Octobre 1668. produit par Romain Feſſe.

Ce qui réſulte de nôtredit Procès verbal de Viſite, concernant Jean Plantou & Nicolas Foſſard, pour leurs Héritages ſéparément.

Une Copie collationnée de Lots de partages, du 27. Janvier 1646. & un Aveu du 29. Mars 1730. produits par François & Nicolas Blaquetot.

Ce qui réſulte de nôtredit Procès verbal de Viſite, concernant Pierre Nouvel & Charles Burel.

Un Contrat de Fiéfe, du 7. Octobre 1721. produit par Loüis Prevoſt.

Les Titres & Piéces ci-devant produits par ledit Burel.

Ce qui réſulte de nôtredit Procès verbal de Viſite, concernant Guillaume Polet.

Un Contrat de Fiéfe, du premier Aouſt 1717. produit par Charles Gambard.

Triage de l'Aumône & Vallot.

UNE Copie collationnée d'Aveu, du 11. Mars 1730. produit par Adrien Panier.

Une Copie collationnée d'Aveux, des 30. Mars & 25. Octobre 1730. produite par Jacques & Marin Picart.

Une Copie collationnée d'un Acte de Lots de partages, du 17. Octobre 1725. produite par Nicolas Lefévre.

Un Aveu du 29. Novembre 1707. produit par Pierre Calvra.

Une Copie collationnée d'un Contrat de vente, du 15. Septembre 1708. produite par la veuve Loüis le Févre.

Un Aveu du 29. Mars 1730. produit par Guillaume Renault.

Ce qui réſulte de nôtredit Procès verbal de Viſite, concernant Philippe Lefévre.

Ce qui réſulte de nôtredit Procès verbal de Viſite, concernant le Sieur Preſident Marquis de la Londe.

Triage du Chêne à la Boſſe.

Un Contrat de Fiéfe, du 9. Septembre 1696. produit par Jacques Mulot.

GARDE DE BEDASNE,

Triage des Côteaux de Moulineaux & Greſil.

LES Titres & Piéces ci-devant produits par ledit Sieur Mulot.

Ce qui réſulte de nôtredit Procès verbal de Viſite, concernant Pierre Langlois & le Treſor de Moulineaux.

Un Extrait collationné d'un Contrat de vente, du 6. Juin 1617. Une Copie collationnée d'une Déclaration au Terrier de Sa Majeſté, du 24. Novembre 1674. produits par Pierre Louvet.

Ce qui réſulte de nôtredit Procès verbal de Viſite, concernant le Sieur Pommeraye.

Les Titres & Pieces ci-devant produits par ledit Pierre Louvet.

Un Contrat de vente, du 4. Mars 1697. produit par Jacques Pain.

Ce qui réſulte de nôtredit Procès verbal de Viſite, concernant le Sieur de Bonneval.

Une Requête, enſemble Copies collationnées d'un Arreſt du Conſeil & Lettres Patentes, du 24. Décembre 1694. d'une Déclaration à la Chambre des Comptes de Roüen, du 19. Juin 1736. & d'un Arreſt de ladite Chambre des Comptes, du 25. Juin 1736. produites par les Adminiſtrateurs de l'Hôpital du Bourgachard.

Les Titres & Piéces ci-devant produits par ledit Sieur Pommeraye.

Une Requête, enſemble Copie collationnée d'un Contrat, du 14. Décembre 1690. d'autre Contrat de vente, du 8. Aouſt 1721. produites par le Sieur Pontrevé.

Ce qui réſulte de nôtredit Procès verbal de Viſite, concernant l'Hôtel-Dieu de Roüen.

Les Titres ci-devant produits par ledit Sieur Pommeraye.

Les Titres & Piéces ci-devant produits par ledit Hôtel-Dieu de Roüen.

Copies d'un Contrat de vente, du 14. Juillet 1641. d'autres Contrats de Fiéfes, des 7. Janvier 1676. & 30. Octobre 1719. produits par Jean Piquenot.

Copies collationnées d'un Aveu, du 8. Juillet 1639. d'une Sentence, du 26. Juin 1643. d'un Acte de ceſſion, du 18. Octobre 1643. d'un Contrat de vente, du 26. Octobre 1706. d'un Contrat de Fiéfe, du 13. Octobre 1710. produites par les Sieurs Deſportes : Contredits du Procureur Général, ſignifiez ; Réponſe à iceux ; enſemble une Ajudication du 3. Septembre 1657. par production nouvelle deſdits Sieurs Deſportes.

Une Copie collationnée d'un Contrat de Fiéfe, produite par Loüis Vallée.

Les Titres & Piéces ci-devant produits par ledit Sieur Pommeraye.

Les Titres & Piéces ci-devant produits par ledit Hôtel-Dieu de Roüen.

Ce qui résulte de nôtredit Procès verbal de Visite, concernant la Dame Vivien.

Les Titres & Pieces ci-devant produits par ledit Jean Piquenot.

Les Titres & Pieces ci-dessus produits par ledit Hôtel-Dieu de Roüen.

Triage des Côteaux de Couronne.

Les Titres & Pieces ci-devant produits par ladite Dame Vivien.

Une Copie collationnée d'un Contrat de vente, du 5. Mai 1578. produite par François Prevost.

Les Titres & Pieces ci-devant produits par ledit Hôtel-Dieu de Roüen.

Une Requête, ensemble un Etat des Terres de la Ferme du Manoir du Roy, sçises au Grand-Couronne, produits par le Sieur de Limesy.

Les Titres & Pieces ci-devant produits par ledit Hôtel-Dieu de Roüen.

Un Aveu du 4. Octobre 1732. produit par Jean Dubosc.

Les Titres & Pieces ci-devant produits par lesdits Sieurs Desportes.

Une Copie collationnée d'un Contrat de vente, du 8. Février 1680. produite par la veuve Christophe Lefévre.

Ce qui résulte de nôtredit Procès verbal de Visite, concernant Jacques Lemarquis.

Une Requête, ensemble Copies collationnées d'une Ajudication, du premier Octobre 1578. & d'Extrait d'un Decret, du 26. Avril 1692. produites par le Sieur de Couronne.

Une Copie collationnée d'un Contrat de vente, du 2. Décembre 1724. produite par Loüis Lefévre.

Les Titres & Piéces ci-devant produits par ledit Jacques Lemarquis.

Ce qui réſulte de nôtredit Procès verbal de Viſite, concernant Jean Hamelin & Jean Durand, pour leurs Heritages ſéparément.

Un Aveu du 18. Juin 1732. produit par Pierre Vallée.

Ce qui réſulte de nôtredit Procès verbal de Viſite, concernant le Sieur Deshommets.

Les Titres & Piéces ci-devant produits par ledit Pierre Vallée.

Les Titres & Piéces ci-deſſus produits par ledit Treſor de Moulineaux.

Les Titres & Piéces ci-devant produits par ledit Hôtel-Dieu de Roüen.

Ce qui réſulte de nôtredit Procès verbal de Viſite, concernant la Dame de Prémagny.

Les Titres & Piéces ci-devant produits par ledit Hôtel-Dieu de Roüen.

Copies collationnées d'un Contrat de vente, du 8. Avril 1694. & d'autres Contrats de vente, des 5. Mars 1732. & 16. Mars 1737. produites par Remy Piquenot.

Les Titres & Piéces ci-devant produits par ledit Jacques Lemarquis, François Prevoſt, Jacques Lemarquis, Pierre Vallée & Loüis Lefévre, chacun pour leurs Heritages ſéparément.

Ce qui réſulte de nôtredit Procès verbal de Viſite, concernant Jacques Anfrye & la Dame Vincent, pour leurs Héritages ſéparément.

Les Titres & Piéces ci-devant produits par ledit Sieur de Limeſy, Jean Piquenot & la Dame de Prémagny, pour leurs Heritages ſéparément.

Une Copie collationnée d'un Contrat de vente, du 2. Janvier 1732. produite par Charles Maillard.

Copie collationnée d'un Contrat de vente, du 7. Juin 1717. & Extrait d'autre Contrat, du 2. Septembre 1685. produits par François Preſtrel.

Une Requête, & ce qui réſulte de nôtre Procès verbal de Viſite, concernant François Cauvin.

Les Titres & Piéces ci-devant produits par ledit Jacques Lemarquis, leſdits Sieurs Deſportes, ledit François Vallée, ledit Sieur Pommeraye, & leſdits Sieurs Deſportes, pour leurs Heritages ſéparément.

Triage du Val-Coquet.

Copie collationnée d'un Contrat de vente, du 20. Aouſt 1686. produit par George le Prevoſt.

Les Titres & Pieces ci-devant produits par François le Prevoſt.

Ce qui réſulte de nôtredit Procès verbal de Viſite, concernant la veuve Pierre Jean, les heritiers de Nicolas le Prevoſt & la veuve George Huë, pour leurs Heritages ſéparément.

Les Titres & Pieces ci-devant produits par ledit Hôtel-Dieu de Roüen, ledit Loüis Lefévre & le Sieur Pommeraye, chacun pour leurs Heritages ſéparément.

Ce qui réſulte de nôtredit Procès verbal de Viſite, concernant le Treſor de Couronne.

Les Titres & Pieces ci-devant produits par ledit Hôtel-Dieu de Roüen.

Ce qui réſulte de nôtredit Procès verbal de Viſite, concernant François Durand.

Les Titres & Pieces ci-devant produits par ledit Sieur de Couronne.

Copies collationnées d'une Ajudication, du 23. Février 1578. d'une Sentence du 1693. d'un Procès verbal du Sieur de Maſcranny, du 22. Mai 1677. & d'un Contrat de de vente, du 15. Juin 1720. produit par le Sieur Pierre Anfrye.

Les Titres & Pieces ci-devant produits par ledit Sieur Pommeraye.

Ce qui réſulte de nôtredit Procès verbal de Viſite, concernant le Sieur Sadot.

Une Copie collationnée d'un Contrat de Fiéfe, produite par Loüis & Pierre Vallée.

Les Titres & Pieces ci-devant produits par ledit Treſor de Couronne, ledit François Preſtrel, ledit Charles Maillard, ledit Hôtel-Dieu de Roüen, ledit Jean Hamelin, ledit Sieur Pommeraye, leſdits Sieurs Deſportes, ledit Jean Piquenot & ladite Dame Vivien, chacun pour leurs Heritages ſéparément.

Une Copie collationnée d'un Contrat de vente, du 2. Novembre 1718. produite par Jacques Henault.

Les Titres & Pieces ci-devant produits par ladite veuve Chriſtophe Lefévre, & par ledit Sieur de Limeſy, chacun pour leurs Heritages ſéparément.

Ce qui réſulte de nôtredit Procès verbal de Viſite, concernant Nicolas Lambert.

Une Copie collationnée d'un Contrat de vente, du 14. Mars 1579. produite par Mathieu Bouteille.

Les Titres & Piéces ci-devant produits par ledit Hôtel-Dieu de Roüen, ledit Jacques Lemarquis & ledit François Preſtrel, chacun pour leurs Heritages ſéparément.

Ce qui réſulte de nôtredit Procès verbal de Viſite, concernant David Manchon.

Les Titres & Pieces ci-devant produits par ledit Hôtel-Dieu de Roüen, ledit Sieur Sadot & ledit Hôtel-Dieu de Roüen, chacun pour leurs Heritages ſéparément.

Ce qui réſulte de nôtredit Procès verbal de Viſite, concernant le Sieur Fortier.

Un Contrat du 12. Aouſt 1723. produit par le Sieur Ceſar Carlet.

Triage du Gros-Hêtre.

UNE Copie collationnée d'un Contrat de Fiéfe, produit par Guillaume Goſſelin.

Copies d'un Contrat de vente, du 2. Octobre 1666. & d'autre Contrat de vente, du 28. Juin 1685. produites par le Sieur Barbey.

Ce qui réſulte de nôtredit Procès verbal de Viſite, concernant Etienne Leloup.

Les Titres & Piéces ci-devant produits par ledit Sieur Barbey & le Sieur Pierre Anfrye, chacun pour leurs Heritages ſéparément.

Une Requête, enſemble Copies collationnées d'un Contrat de Fiéfe, du 19. Aouſt 1629. d'Extrait d'un Procès verbal du Sieur de Maſcranny, du 22. Mai 1677. & d'un Contrat de vente, du 15. Juin 1717. produites par le Sieur Philippe.

Ce qui réſulte de nôtredit Procès verbal de Viſite, concernant François Mabile, François Liégard, la veuve de Pierre Marais, Alexandre Leroux, Jean de Villers, ledit François Mabile, & Laurent Luhat, pour leurs Heritages ſéparément.

Un Imprimé d'Arreſt de la Chambre des Comptes de Roüen, du 25. Mai 1656. Copie collationnée d'une Ajudication, du 7. Novembre 1657. Un Jugement de Miſe en poſſeſſion, du 9. Novembre 1657. Un Arreſt de ladite Chambre, du 28. Février 1660. Une Sentence du 19. Février 1661. Un Arreſt du Conſeil, du 12. Janvier 1662. Un Procès verbal, du 8. Octobre 1667. Copies collationnées d'Arrêts du Conſeil, des dernier Avril 1668. & 18. Février 1687. Une Sentence du 25. Février 1701. Un Contrat de Licitation, du premier Mars 1702. Une Quitance de Finance, du 30. Janvier 1703. & une

Ordonnance du Sieur de Savary Grand-Maître, du 20. Aouſt 1702. regiſtrée le 11. Avril 1704. produits par le Sieur le Danois : Contredits du Procureur Général, ſignifiez ; & Réponſe fournie à iceux par ledit Sieur le Danois.

Ce qui réſulte de nôtredit Procès verbal de Viſite, concernant Guillaume Lemire, ledit Nicolas-Alexandre Deshayes & Jacques Thiais, pour leurs Heritages ſéparément.

Un Acte de Lots de partages, du 3. Novembre 1660. produit par Nicolas Carlet.

Les Titres & Pieces ci-devant produits par ledit Thomas Carlet, la veuve de François Carlet & ledit Sieur le Danois, chacun pour leurs Heritages ſéparément.

GARDE D'OISSEL,

Triage de Marre-Lormel.

Les Titres & Piéces ci-devant produits par ledit Sieur le Danois.

Triage du Caſtellier.

Les Titres & Pieces ci-devant produits par ledit Sieur le Danois.

Ce qui réſulte de nôtredit Procès verbal de Viſite, concernant le Sieur Hely, repreſentant le Sieur Haillet.

Triage du Chêne-de-la-Croix.

Les Titres & Piéces ci-devant produits par ledit Sieur Hely.

Ce qui réſulte de nôtredit Procès verbal de Viſite, concernant le Sieur de la Houſſaye.

Une Copie collationnée d'Ajudication, du 15. Juin 1657.

d'un Jugement de Mise en possession, du 4. Novembre 1657. produit par le Sieur Horcholle.

Une Ajudication par decret, du dernier Avril 1561. produite par le Sieur de Sacy.

Les Titres & Pieces ci-devant produits par ledit Sieur Hely, ledit Sieur Horcholle, & par ledit Sieur de Sacy, chacun pour leurs Heritages séparément.

Un Extrait collationné d'un Acte de Lots de partages, du 16. Aoust 1674. produit par Pierre Mortreüil.

Triage du Val-Gobert & Marre-d'Oissel.

LES Titres & Piéces ci-devant produits par ledit Pierre Mortreüil.

Ce qui résulte de nôtredit Procès verbal de Visite, concernant les Communes d'Oissel.

Copie collationnée d'une Ajudication, du 22. Février 1578. & un Jugement de main-levée, du 6. Septembre 1586. produits par le Sieur de Guichainville.

Ce qui résulte de nôtredit Procès verbal de Visite, concernant lesdites Communes d'Oissel, & le Sieur de Lurienne.

Un Contrat de vente, du 14. Juin 1718. produit par Nicolas Cecile.

GARDE DE SAINT-ETIENNE.

Triage du Petit-Parc & Haye-Brou.

CE qui résulte de nôtredit Procès verbal de Visite, concernant les Communes de S. Julien, apartenantes aux Bouchers de la Ville de Roüen; ensemble une Requête & une Sentence du 18. Février 1641. produites par lesdits Bouchers.

Une Requête, enſemble Copies collationnées d'une Ajudication du 14. Novembre 1576. d'une autre Ajudication du 15. Novembre 1576. d'un Procès verbal d'Arpentage, des 9. Décembre 1576. & 15. Mars 1577. d'une autre Ajudication du 5. Mars 1577. d'autres Ajudications des 22. & 24. Février 1578. de Lettres patentes du 13. Mai 1610. regiſtrées au Parlement de Roüen, le 18. Avril 1614. d'un Jugement de main-levée, du 10. Juillet 1657. d'Aveux & Foi Hommage, des 17. Juillet, 5. Septembre 1671. & 22 Décembre 1687. d'un Extrait de Contrat de vente, du 9. Mai 1685. produites par le Sieur Moulin.

Triage du Chêne-au-Duc.

LES Titres & Piéces ci-devant produits par ledit Sieur Moulin.

Triage des Carrieres & Madrillet.

LES Titres & Piéces ci-devant produits par ledit Sieur Moulin.

Ce qui réſulte de nôtredit Procès verbal de Viſite, concernant le Sieur le Guerchois, les Communes de S. Etienne & ledit Sieur Hely, pour leurs Héritages ſéparément.

GARDE DU PETIT-COURONNE.

Triage des Beaux-Marquets.

LES Titres & Piéces ci-devant produits par ledit Sieur Moulin.

Triage du Mictuit.

CE qui réſulte de nôtredit Procès verbal de Viſite, concernant ledit Pierre Vallée, Pierre Gueroult, ledit Jacques Thiais, ledit Sieur Barbey, le nommé Blacquetot & ledit Sieur Barbey, pour leurs Heritages ſéparément.

Une Requête, enſemble Copie collationnée d'un Aveu, du 7. Septembre 1733. produites par François & Jacques Fouray.

Une Copie collationnée d'Aveu, du 6. Novembre 1722. produite par François Gueroult repreſentant Guillaume Bourdet.

Les Titres & Piéces ci-devant produits par ledit Jean Duboſc.

Copies collationnées de deux Contrats de vente, des 27. Janvier & 28. Février 1678. produites par François Lecœur.

Copie collationnée d'un Contrat de vente, produite par François Carlet.

Les Titres & Piéces ci-devant produits par ledit Sieur de Couronne & ledit Jacques Anfrye, chacun pour leurs Heritages ſéparément.

Extraits collationnez d'un Contrat de vente, des 6. Juillet & 9. Novembre 1598. 31. Janvier 1691. & 11. Novembre 1692. produits par le Sieur du Noyer.

Les Titres & Piéces ci-devant produits par ledit Sieur de Couronne.

Ce qui réſulte de nôtredit Procès verbal de Viſite, concernant le Sieur de Douxmeſnil, ledit Jacques Anfrye, Noël Gueroult, ledit Sieur de Couronne, Adrien Thiais, Robert Genſe, ledit Jacques Anfrye, ledit Pierre Anfrye, les Repreſentans Robert Anfrye, Bonaventure Genſe, ledit Pierre Anfrye, leſdits Repreſentans Robert Anfrye, & ledit Sieur de Couronne, pour leurs Heritages ſéparément.

Triage de la Carbonniere.

Ce qui réſulte de nôtredit Procès verbal de Viſite, concernant ledit Sieur de Couronne, ledit Sieur du Noyer, ledit Jean

Blacquetot, Jean Gueroult, Claude Durand, George Bindel, Jean Billard, Guillaume Goſſelin & ledit François Carlet, pour leurs Héritages ſéparément.

Triage du Chêne-aux-Leux.

CE qui résulte de nôtredit Procès verbal de Viſite, concernant ledit Sieur de Couronne, la Dame de Franqueville & Jean Duperray, pour leurs Héritages ſéparément.

Extraits collationnez d'Aveux, des 28. Juin 1574. & 28. Février 1667. produits par le Sieur de Pol.

Ce qui résulte de nôtredit Procès verbal de Viſite, concernant ladite Dame de Franqueville, ledit Sieur de Pol, ledit Sieur de Couronne, ledit Jean Gueroult, ledit Jean Perray, ledit François Lecœur, ledit Sieur de Pol, ledit Adrien Thiais, ledit Jean Gueroult, ledit François Lecœur, ledit Sieur de Pol, ledit Pierre Gueroult, ladite Dame de Franqueville & le Treſor du Petit-Couronne, pour leurs Heritages ſéparément.

Deux Ajudications du même jour 20. Septembre 1628. produites par les Treſoriers & Paroiſſiens du Grand-Quevilly.

Triage du Grand-Parc & Foulmare.

CE qui résulte de nôtredit Procès verbal de Viſite, concernant les Communes du Petit-Quevilly, & leſdites Communes de S. Julien aux Bouchers de Roüen.

FOREST DE LA LONDE.

GARDE DU MANOIR,

Triage de Marre-Saminet.

COPIES imprimées & collationnées d'Arrêts du Conſeil,

des 13. Aouſt 1643. 15. Mai 1644. d'un Procès verbal de Bornage, du 17. Juillet 1644. fait par le Sieur de Monbas Grand Maître, en exécution deſdits Arrêts, & Lettres Patentes, du 3. Aouſt 1644. regiſtrées au Parlement de Paris, le 26. Aouſt audit an 1644. produites par le Sieur Preſident Marquis de la Londe.

Triage du Vivier-Cammelin.

POINT de Riverains.

Triage des Hautes-Carrieres.

POINT de Riverains.

Triage de S. Nicolas.

LES Titres & Pieces ci-devant produits par ledit Sieur de la Londe.

Une Aſſignation du 4. Septembre 1662. commiſe au Grand-Prieur de S. Oüen, au bas de laquelle eſt une Ordonnance du Sieur Favier Commiſſaire pour la Réformation, portant décharge de ladite Aſſignation, produites par les Religieux de l'Abaïe de S. George.

GARDE DES HAUZAIS,

Triage du Meriſier S. Nicolas.

LES Titres & Pieces ci-devant produits par ledit Sieur Preſident Marquis de la Londe.

Ce qui réſulte de nôtredit Procès verbal de Viſite, concernant la veuve Pierre Bocher.

Deux

Deux Contrats de Fiéfe, des 29. Avril & 7. Mai 1715. & un Aveu du 11. Février 1727. produits par la veuve & heritiers Videcocq.

Ce qui résulte de nôtredit Procès verbal de Visite, concernant Nicolas Bocher.

Un Aveu du 25. Juin 1737. produit par la veuve Claude Lefévre.

Un Contrat de Fiéfe, du mois d'Avril 1585. produit par Pierre Leger.

Copies collationnées d'un Contrat de Fiéfe, du 4. Avril 1578. d'un Contrat de vente, du 29. Juin 1649. & d'un Aveu du 9. Juillet 1649. produites par le Sieur Quentin.

Les Titres & Pieces ci-devant produits par lesdits Religieux de l'Abaïe de S. George.

Ce qui résulte de nôtredit Procès verbal de Visite, concernant Guillaume Leclerc.

Les Titres & Pieces ci-devant produits par lesdits Religieux de S. George.

Triage de la Queuë-Bourguignon.

Les Titres & Pieces ci-devant produits par ledit Sieur President Marquis de la Londe.

Copies collationnées d'un Contrat de vente, du 10. Mars 1629. d'un Contrat de Fiéfe, du 26. Janvier 1663. d'un Aveu du 15. Mars 1669. d'un Arrest du Conseil, du 13. Aoust 1643. & d'une Sentence de la Table de Marbre de Roüen, du 7. Juin 1734. produits par le Sieur Dugard.

Ce qui résulte de nôtredit Procès verbal de Visite, concernant Loüis Martin, François Lecerf, la veuve Pie & Antoine Dupré, pour leurs Héritages séparément.

Une Requête, ensemble Copies collationnées de Contrats de vente, des premier Juin 1695. & 30. Juin 1708. produits par la veuve & heritiers de Guillaume Duval.

Deux Aveux des 19. Juin 1676. & 15. Janvier 1699. produits par Jean Fouquet.

Un Aveu du 17. Juin 1698. produit par Jean Saint-Amand.

Les Titres & Piéces ci-devant produits par ladite veuve & heritiers de Guillaume Duval.

Un Contrat de vente, du 6. Octobre 1700. produit par Pierre Saint-Amand.

Copies collationnées d'un Aveu, du 29. Novembre 1698. & d'un Contrat de vente, du 23. Mai 1712. produites par le Sieur Roger.

Ce qui résulte de nôtredit Procès verbal de Visite, concernant Jacques Bourgalé & Pierre Fleurant, pour leurs Heritages séparement.

Copies collationnées d'un Contrat de Fiéfe, du 3. Avril 1578. d'un Contrat d'Echange, du 12. Novembre 1709. & d'autre Contrat de Fiéfe, du 23. Mai 1712. produites par Catherine Bourgalé.

Un Contrat de Fiéfe, du 8. Septembre 1663. & un Aveu du 28. Décembre 1726. produits par Michel & Loüis Letailleur.

GARDE D'INFREVILLE,

Triage du Merisier S. Nicolas.

LES Titres & Piéces ci-devant produits par lesdits Religieux de l'Abaïe S. George

Triage de Marre-Curée.

POINT de Riverains.

Triage de Roques.

Ce qui réſulte de nôtredit Procès verbal de Viſite, concernant le Sieur d Boſcgueroult.

Un Contrat de vente, du 27. Novembre 1713. & un Procès verbal d'Arpentage, du 3. Septembre 1729. produits par le Sieur de Varenne.

Ce qui réſulte de nôtredit Procès verbal de Viſite, concernant le Sieur le Boulenger, les heritiers de Pierre Roſe & ledit Sieur le Boulenger, pour leurs Héritages ſéparément.

Un Contrat de vente, du 19. Mai 1723. produit par la Dame veuve Chauvidon.

Copies collationnées de deux Contrats de Fiéfe, des 13. Novembre 1684. & 6. Septembre 1732. produites par le Sieur Levert.

Extrait collationné d'un Contrat de Fiéfe, du 15. Septembre 1623. produit par le Sieur Piquefeu.

Ce qui réſulte de nôtredit Procès verbal de Viſite, concernant le Sieur Marquis d'Etampes.

Ce qui réſulte de nôtredit Procès verbal de Viſite, concernant Jean Carré.

Triage des Jouveaux.

Un Aveu du 14. Avril 1697. produit par Nicolas Crevel.

Un Contrat de Fiéfe, du 28. Décembre 1714. produit par Guillaume Cailloüet.

Les Titres & Piéces ci-devant produits par ledit Sieur du Boſcgueroult & ledit Nicolas Crevel, chacun pour leurs Héritages ſéparément.

Copie collationnée d'un Acte de Lots de partages, du 16. Mars 1688. produite par le Sieur Duhamel.

Un Aveu du 20. Mai 1704. produit par Jean Lefévre.

Les Titres & Piéces ci-dessus produits par ledit Sieur Marquis d'Etampes.

Triage de Mare-Osmont & Val-Breton.

Les Titres & Pieces ci-devant produits par ledit Sieur Marquis d'Etampes & ladite Abaïe de S. George, chacun pour leurs Héritages séparément.

Un Acte de Lots de partages, du 6. Septembre 1725. produit par le Sieur Langlois.

Les Titres & Piéces ci-devant produits par lesdits heritiers de Nicolas Videcocq.

Copies collationnées d'un Contrat de vente, du 11. Janvier 1529. d'un Contrat de Fiéfe, du 7. Mars 1620. & d'autres Contrats de vente, des 3. Mars 1665. 17. Novembre 1661. & 12. Novembre 1667. produites par le Sieur Soüatin.

Deux Aveux des 2. Janvier 1696. & 18. Septembre 1736. produits par Charles Auzoult.

Ce qui résulte de nôtredit Procès verbal de Visite, concernant le Sieur de Baude, Guillaume & Antoine Ferey, pour leurs Héritages séparément.

Un Aveu du 11. Mai 1678. Un autre Aveu du 20. Décembre 1726. Un Acte de Lots de partages, du 28. Janvier 1642. & un Contrat de cession à Clameur, du 4. Juillet 1720. produits par les heritiers de Jean Beaucousin.

Ce qui résulte de nôtredit Procès verbal de Visite, concernant le Sieur d'Infreville.

Un Contrat de Fiéfe, du 7. Novembre 1660. produit par François Harenc.

Les Titres & Pieces ci-devant produits par ledit Sieur Soüatin & ledit Sieur d'Infreville, chacun pour leurs Héritages séparément.

Ce qui résulte de nôtredit Procès verbal de Visite, concernant Nicolas Parmentier.

GARDE DU BOSCGOUET,

Triage de Marre-de-Roüen.

LES Titres & Piéces ci-devant produits par ledit Sieur Marquis d'Etampes.

Un Contrat de Fiéfe, du 31. Aoust 1631. produit par Jacques Baillemont.

Ce qui résulte de nôtredit Procès verbal de Visite, concernant les héritiers du Sieur du Sauffay & Jacques Hibert, pour leurs Héritages séparément.

Un Contrat de vente, du 18. Mai 1648. produit par le Sieur Benoist.

Extraits collationnez d'un Contrat de vente, du 15. Octobre 1654. d'une Ajudication par decret, du 26. Mars 1648. & d'un autre Contrat de vente, du 27. Mars 1662. produits par le Sieur Suart.

Ce qui résulte de nôtredit Procès verbal de Visite, concernant lesdits heritiers du Sauffay, François Deshayes & ledit Sieur Suart, pour leurs Héritages séparément.

Extraits collationnez de deux Contrats de Fiéfe, des 24. Aoust 1680. & 17. Mai 1683. produits par Richard Carré.

Ce qui résulte de nôtredit Procès verbal de Visite, concernant Charles Dodin, Pierre & François Baillemont, les heritiers de Charles Leduc & ledit Sieur Boulanger, pour leurs Héritages séparément.

Copies collationnées d'un Contrat de vente, du 24. Mai 1723. & d'un Aveu du 22. Juin 1734. produites par Bernard Langlois.

Ce qui réſulte de nôtredit Procès verbal de Viſite, concernant la Dame Dufour.

Copies collationnées d'Aveux, des 25. Mai 1558. 10. Octobre 1616. 11. Aouſt 1628. & d'un Arreſt du Conſeil, du dernier Mars 1690. produites par le Sieur du Boſcbeſnard-Comin.

Ce qui réſulte de nôtredit Procès verbal de Viſite, concernant ledit Sieur Soüatin, la Veuve Bourdonné & le Sieur de S. Amand, pour leurs Heritages ſéparément.

Extraits collationnez d'un Contrat de vente, du 12. Novembre 1712. & d'un Contrat de Fiéfe, du 16. Juin 1712. produits par Nicolas-David Leſueur.

Copie collationnée d'un Contrat de vente, du 7. Juin 1709. produit par Loüis Lécoufflé.

Ce qui réſulte de nôtredit Procès verbal de Viſite, concernant ledit Sieur Leſueur, ladite Veuve Bourdonné & Charles Bourdonné, pour leurs Héritages ſéparément.

Extraits collationnez de Contrats de vente, des 13. Avril 1715. 29. Juillet 1734. & 16. Janvier 1738. produits par la Demoiſelle Mouchet.

Copies collationnées d'un Contrat de vente, du 24. Février 1735. & d'un Aveu du 19. Aouſt 1729. produites par Pierre Leſueur.

Les Titres & Pieces ci-deſſus produits par la Demoiſelle Mouchet.

Ce qui réſulte de nôtredit Procès verbal de Viſite, concernant Guillaume Boiſmare, & les heritiers de Claude Boiſmare.

Les Titres & Pieces ci-deſſus produits par la Demoiſelle Mouchet, ledit Pierre Leſueur & ledit Sieur Soüatin, chacun pour leurs Héritages ſéparément.

Un Contrat de vente, du 23. Octobre 1717. produit par Laurent Gueroult.

Triage du Meſnil & Quatre-Hêtres.

Ce qui réſulte de nôtredit Procès verbal de Viſite, concernant ladite Dame Dufour.

Deux Aveux des 4. Novembre 1631. & 3. Mai 1655. produits par le Sieur Pierre Lenoble.

Ce qui réſulte de nôtredit Procès verbal de Viſite, concernant la Demoiſelle Aubry & la Dame Dufour, la Demoiſelle Ozanne & le Sieur Alexandre, pour leurs Heritages ſéparément.

Copies collationnées d'un Aveu, du 30. Juin 1688. & de Contrats de vente, des 11. Aouſt 1700. & 24. Avril 1702. produites par le Sieur Delahaye.

Copie collationnée d'un Acte, du 16. Septembre 1685. concernant la Succeſſion de Robert Queſné, produite par la Veuve Adrien Bazin.

Les Titres & Pieces ci-devant produits par ledit Sieur Delahaye.

Copie collationnée d'une Tranſaction, du 3. Mai 1644. produite par le Sieur de Malmain.

Triage des Hautes-Frenayes.

Les Titres & Pieces ci-devant produits par ledit Sieur de Malmain, & ledit Sieur du Boſcbeſnard, chacun pour leurs Heritages ſéparément.

Deux Contrats de Fiéfe, des 28. Février 1717. & 27. Décembre 1725. produits par François Preaux.

Un Contrat de vente, du premier Juillet 1634. Une Sentence des Eaux & Forêts de Roüen, du 18. Décembre 1637. Une Ordonnance du Sieur de Maſcranny, du dernier Mai

1677. Un Cahier de Gages-Pléges, du 15. Juin 1683. Copies collationnées d'un Contrat de Fiéfe, du 8. Aoust 1696. & d'un Bail du 6. Novembre 1730. produits par le Sieur de Sevré.

Ce qui résulte de nôtredit Procès verbal de Visite, concernant le Sieur de Réville & Guillaume Deshayes, pour leurs Heritages séparément.

Un Aveu du 27. Avril 1697. Deux Contrats de vente, des 7. Juillet 1717. & 16. Février 1727. & un autre Aveu du 20. Juillet 1720. produits par Loüis Lemaître.

Un Contrat de Mariage, du 7. Janvier 1675. & un Contrat de vente, du 14. Avril 1714. produits par le Sieur de Bellemare.

GARDE DU BOSHION,

Triage du Vivier-Camelin.

POINT de Riverains.

Triage des Trois-Chênes.

COPIE collationnée d'un Contrat de vente, du 25. Mars 1611. d'un Contrat de Fiéfe, du 2. Octobre 1643. & d'Aveux des 3. Juin 1672. & 15. Janvier 1736. produits par le Sieur Delamare.

Les Titres & Pieces ci-devant produits par ledit Sieur Marquis d'Etampes.

Les Titres & Piéces ci-devant produits par ledit Sieur du Boscgueroult.

Ce qui résulte de nôtredit Procès verbal de Visite, concernant François Collé.

Tous les ci-dessus nommez Propriétaires d'Heritages riverains desdites Forêts de Roumare, Rouvray & la Londe, susdites Gardes & Triages.

Les

Les Concluſions définitives du Procureur Général de ladite Réformation, ſur le tout; & oüis leſdits Sieurs le Paige & Cheret Commiſſaires, en leurs Raports : Tout conſideré;

FOREST DE ROUMARE,

GARDE DE CANTELEU,

Triage de Guémare.

NOUSDITS Commiſſaires-Réformateurs Généraux, faiſans droit ſur le tout, avons ordonné que le Sieur Lallemant, Michel Hardy & Jean Boquillon ſeront, chacun en droit ſoi, tenus de ſe clorre de foſſez, & borner, ainſi qu'il ſera ci-après preſcrit par nôtre Jugement général.

Avons déclaré la Place vague en forme de demi-lune, vis-à-vis le Château de Montigny, faire partie de ladite Foreſt, & apartenir au Roy : Ordonnons au ſurplus, que ledit Sieur d'Amontot ſera tenu de ſe clorre de foſſez, entre ladite Foreſt & ſes Heritages, ſuivant l'alignement qui lui en ſera donné, & de fournir en outre la quantité de bornes néceſſaires au bornage, ainſi qu'il ſera preſcrit par nôtre Réglement général :

Que leſdits Sieurs Mulot, André Léguillon & le Sieur de Bauquemare ſeront tenus, chacun en droit ſoi, de ſe clorre de foſſez, & de ſe borner entre leurs Heritages & ladite Foreſt, ainſi qu'il ſera ci-après preſcrit par nôtre Réglement général.

Ledit Sieur d'Amontot précédemment jugé à ce ſujet.

Que leſdits ſieur Curé de Montigny, André Léguillon, Charles Léguillon, ledit ſieur Jean Roger, ledit ſieur Mulot & Loüis Léguillon ſeront tenus, chacun en droit ſoi, de ſe clorre de foſſez, & de ſe borner entre leurs Heritages

& ladite Foreſt, ainſi qu'il ſera ci-après preſcrit par nôtre Réglement général.

Avons déclaré la portion de terrain d'environ une perche de largeur, entre deux foſſez, le long des Héritages deſdits Prêtres du Seminaire de Roüen, & ſur laquelle ſont plantez dix Chênes, enſemble le petit canton de Bois proche les murs du Château, & la demi-lune de Montigny, mentionnez en nôtredit Procès verbal, faire partie de la Foreſt; & en conſéquence, les avons réünis au corps d'icelle : Faiſons défenſes auſdits Prêtres du Séminaire, de faire aucune coupe ni abatis deſdits Bois, ſous les peines au cas apartenant; ordonnons qu'ils ſe clorront de foſſez, entre ledit terrain réüni, leurs Heritages & la Foreſt, ſuivant l'alignement qui leur en ſera donné, & qu'ils fourniront en outre la quantité de bornes néceſſaires au bornage, ainſi qu'il ſera preſcrit par nôtre Réglement général.

Triage de Martimare & Chêne-aux-Leux.

AVONS ordonné que de la Piéce de Bois taillis reclamée par ledit Sieur de Soſay, & trouvée contenir quarante-ſept Arpens quarante perches, il en ſera inceſſamment diſtrait trois Arpens quarante perches, à prendre de l'extrêmité des Bois taillis du Sieur Daubeuf en ligne droite, juſqu'au chemin du Val-au-Meſnil, pour enſuite leſdits trois Arpens quarante perches, être réünis à ladite Foreſt de Roumare; à l'éfet de quoi, ledit Sieur de Soſay ſera tenu de ſe clorre entre iceux, & le ſurplus deſdits Bois taillis, par un foſſé de la largeur & profondeur preſcrites par l'Ordonnance des Eaux & Forêts de 1669. la crête duquel ſera du côté de ladite Foreſt : Fournira en outre ledit Sieur de Soſay, la quantité de bornes néceſſaires au bornage, ainſi qu'il ſera preſcrit par nôtre Jugement général ; & sera au surplus tenu de faire un fossé de traverse, à la Route ou Sente qui se trouve entre ses Bois & Heritages, & ceux dudit Sieur Daubeuf, laquelle donne entrée dans ladite Forest, & ce, pour en interdire l'usage ; en sorte que la partie de ladite Route ou Sente, qui se trouve en cet endroit dans ladite Forest, ne fasse plus à l'avenir avec la réünion ci-dessus ordonnée, qu'un seul & même tenant : Et faisant droit sur le recours demandé par ledit Sieur de Sosay, ensemble sur la Requête du Sieur de Victot, avons condamné ledit Sieur de Victot, en Soixante livres envers le Roy, en outre les deux sols pour livre de ladite somme, par forme de restitution des joüissances qu'il a euës desdits trois Arpens quarante perches de Bois réünis.

Triage des Zétis & Argillieres.

LEDIT Sieur de Sosay précédemment jugé à ce sujet.

AVONS maintenu ledit Sieur Daubeuf en possession & joüissance des Bois taillis par lui reclamez aux rives de la Forest de Roumare, Garde de Canteleu, Triage des Zétis & Argillieres, conformément à ses Titres, notamment à l'Arrest du Conseil, du 5. Novembre 1693. & aux charges portées par icelui ; en conséquence, ordonnons que ledit Sieur Daubeuf sera tenu de se clorre, entre ladite Forest & ses Heritages, suivant l'alignement qui lui en sera donné, par fossez, dont la crête sera jettée du côté d'icelle, & de fournir en outre la quantité de bornes nécessaires au bornage, ainsi qu'il sera prescrit par nôtre Réglement général : Et faisant droit définitivement sur la Main-levée demandée par ledit Sieur Daubeuf, des deux sommes de Bois saisies, & provenantes de l'abatis d'une Lisiere de taillis étant le long d'un Chemin ou sente joignant sesdits Bois, l'avons aussi maintenu en possesſion deſdites Liſieres & Sente ; ce faiſant, main-levée à lui acordée de ladite Saiſie, parce que néanmoins, conformément à nôtre Jugement, du 10. du mois de Juillet dernier, concernant le Sieur de Soſay, ladite Sente ſera traverſée d'un foſſé de la largeur & profondeur preſcrites par l'Ordonnance de *1669.* à prendre de la borne étant proche des Bois dudit Sieur de Soſay en droite ligne, juſqu'à la ſéparation en cet endroit, des Bois dudit Sieur Daubeuf, d'avec ladite Foreſt, pour en interdire l'entrée par ladite Sente, laquelle demeurera ſuprimée ; & pour cet éfet, ſera ledit foſſé entretenu à l'avenir en bon état, ſous les peines au cas apartenant.

Que ledit Sieur de Captot ſera tenu de ſe clorre de foſſez, & de ſe borner entre ladite Foreſt & ſes Heritages, ainſi qu'il ſera ci-après preſcrit par nôtre Réglement général.

Ledit Sieur Daubeuf précédemment jugé à ce ſujet.

Triage des Côteaux de Dieppedale & Croiſſet.

QUE leſdits Robert Blie, ſieur Lefort, ſieur Cabot, ſieur Léſurier, Simon Pigache, François Goſſelin, Veuve Pavie, ſieur Laiſné, ſieur de Lezeau, ſieur d'Epiney, & leſdits Religieux de Sainte Barbe ſeront tenus, chacun en droit ſoi, de ſe clorre de foſſez, & de ſe borner entre leurs Heritages & ladite Foreſt, ainſi qu'il ſera ci-après preſcrit par nôtre Réglement général.

Ledit ſieur Daubeuf précédemment jugé à ce ſujet.

GARDE DE SAINT-PIERRE de Manneville,

Triage des Côteaux de Dieppedalle & Bieſſart.

QUE leſdits Dame de la Hogue, ſieur Bachelier, Michel Lemarié, Charles Martin, ſieur Dubuſc, Veuve de Noël Agaſſe, ſieur Jacques Roger, ſieur Letelier, ledit ſieur Roger, Pierre Lemaître & ladite Dame de la Hogue ſeront tenus, chacun en droit ſoi, de ſe clorre de foſſez, & de ſe borner entre leurs Heritages & ladite Foreſt, ainſi qu'il ſera ci-après preſcrit par nôtre Réglement général.

Triage des Côteaux de Bieſſart & Marre-du-Fey.

QUE leſdits ſieurs Commandeur de Sainte Vaubourg, Guillaume Choüard, Mathieu Agaſſe, ſieur Lemercier, Dame Hamelot, Charles Polgroult, ſieur Quimbel, ſieur Duclos, ſieur Dubuſc, leſdits Mathieu Agaſſe, Guillaume Agaſſe, Veuve de Guillaume Agaſſe, Mathieu Agaſſe, Veuve Delan, François Goſſelin, Pierre Goſſelin, ledit ſieur Dubuſc, François Duclos & le ſieur Dupuis ſeront tenus, chacun en droit ſoi, de ſe clorre de foſſez, & de ſe borner entre leurs Heritages & ladite Foreſt, ainſi qu'il ſera ci-après preſcrit par nôtre Réglement général.

Triage de Marre-d'Epinay.

POINT de Riverains.

Triage de Marre-Haudry.

LESDITS Sindic & Habitans de S. Pierre de Manneville ci-après jugez conjointement avec le Sieur Frault.

Triage de la Queüe-de-Manneville.

LESDITS Sindic & Habitans de S. Pierre de Manneville

ci-après jugez avec ledit Sieur Frault.

Avons maintenu ledit Sieur de Villers en ſa proprieté des Ormes plantez ſur le chemin, le long & du côté de ſa Maiſon, & par lui reclamez : Ordonnons au ſurplus, qu'il ſera tenu de ſe clorre de foſſez entre ladite Foreſt & ſes Héritages, ſuivant l'alignement qui lui en ſera donné; & de fournir en outre la quantité de bornes néceſſaires au bornage, ainſi qu'il ſera preſcrit par nôtre Réglement general.

Que leſdits Sieur Loüis Gilles, Sieur Billoüet Gréfier, Sieur Billoüet Avocat, Pierre Feſſard, Sieur Girondelle, Catherine Feſſard, veuve Turgis, Nicolas Cavelier, D[e] Dumeſnil, le nommé Huë, Sieur Billoüet Gréfier, Sieur Boutemont, leſdits Pierre Feſſard, François Piel, Jean Fleury, Jacques Feſſard, Sieur de Berville, Pierre Thoüy, veuve Lefévre, Sieur de Berville, Sieur le Métais, & les Sindics & Habitans de Sahurs & Hautot seront tenus, chacun en droit ſoi, de ſe clorre de foſſez, & de ſe borner entre leurs Héritages & ladite Foreſt, ainſi qu'il ſera ci-après preſcrit par nôtre Réglement general.

Triage du Bas-Boſc.

Que leſdits Sieurs de Soquence & Commandeur de Sainte Vaubourg ſeront tenus, chacun en droit ſoi, de ſe clorre de foſſez, & de ſe borner entre leurs Heritages & ladite Foreſt, ainſi qu'il ſera ci-après preſcrit par nôtre Réglement general.

GARDE DE S. GEORGE,

Triage du Beauchênot & Valnays.

Avons ſur les prétentions reſpectives des Parties, pour

raiſon de la proprieté du terrain entr'elles conteſtée, renvoïé leſdites Parties ſe pourvoir pardevant qui & ainſi qu'ils aviſeront bien être ; & faute par ledit Sieur Frault de s'être conformé pour l'abatis des Arbres en queſtion, aux formalitez preſcrites par l'Ordonnance des Eaux & Forêts de *1669.* Arrêts & Réglemens depuis intervenus, au ſujet de l'exploitation des Bois des Particuliers, avons condamné ledit Sieur Frault en Vingt livres d'Amende envers le Roy, & aux deux ſols pour livre de ladite ſomme ; à lui enjoint, ainſi qu'à tous autres Propriétaires de Bois, de ſe conformer à l'avenir pour l'abatis d'iceux, auſdits Ordonnances, Arrêts & Réglemens, ſous les peines y portées : Ordonnons au ſurplus, que ledit Sieur Frault & leſdits Habitans de S. Pierre de Manneville ſeront tenus, chacun en droit ſoi, de ſe clorre de foſſez, entre ladite Foreſt, leurs Heritages & Communes, ſuivant l'alignement qui leur en ſera donné, & de fournir en outre la quantité de bornes néceſſaires au bornage, ainſi qu'il ſera preſcrit par nôtre Réglement general.

Leſdites Communes de S. Pierre de Manneville précédemment jugées à ce ſujet.

Que leſdits Veuve Nicolas Lenoble & Joſeph Gazet ſeront tenus, chacun en droit ſoi, de ſe clorre de foſſez, & de ſe borner entre leurs Heritages & ladite Foreſt, ainſi qu'il ſera ci-après preſcrit par nôtre Réglement general.

A l'égard dudit Bernard Bataille, avons nôtre Jugement du 12. Juillet 1737. par lequel, faute par ledit Bataille de juſtifier de Titres primordiaux de proprieté du Clos par lui reclamé, aux rives de ladite Foreſt de Roumare, Nous aurions réüni ledit Clos au corps d'icelle, déclaré raporté, & maintenu ledit Bernard Bataille, repreſentant Marin Gazet, en la proprieté & poſſeſſion du Clos en queſtion ; en conſéquence, le déchargeons des Soixante livres d'Amende contre lui prononcée par nôtredit Jugement : Ordonnons au ſurplus, qu'il ſera tenu de ſe clorre de foſſez, ſuivant l'alignement qui lui en ſera donné, & de fournir en outre la quantité de bornes néceſſaires au bornage, ainſi qu'il ſera preſcrit par nôtre Réglement genéral :

Que leſdits Joſeph Gazet, Sieur Jore, Sieur de Bourneville, Sieur Néel, & le Sieur Preſident de Louraille ſeront tenus, chacun en droit ſoi, de ſe clorre de foſſez, & de ſe borner entre leurs Heritages & ladite Foreſt, ainſi qu'il ſera ci-après preſcrit par nôtre Réglement genéral.

Triage du Val-Quindeüil.

QUE leſdits Sieur Preſident de Louraille, François Caron, ledit Sieur Preſident de Louraille, Jean Chartier, Charles Anfrye, David Morin, veuve & heritiers du Sieur Hebert, Sieur le Roy & ledit Sieur Preſident de Louraille ſeront tenus, chacun en droit ſoi, de ſe clorre de foſſez, & de ſe borner entre leurs Heritages & ladite Foreſt, ainſi qu'il ſera ci-après preſcrit par nôtre Réglement genéral.

Triage du Val-au-Fenil & Geneté.

QUE leſdits Propriétaires des Communes de Quevillon & ladite veuve & heritiers du Sieur Hebert ſeront tenus, chacun en droit ſoi, de ſe clorre de foſſez, & de ſe borner entre leurs Heritages & ladite Foreſt, ainſi qu'il ſera ci-après preſcrit par nôtre Réglement genéral.

Avons maintenu ledit Sieur de Crevecœur en poſſeſſion du petit Patis à lui apartenant, proche ladite Foreſt & ſa Maiſon : Ordonnons au ſurplus, qu'il ſera tenu de ſe clorre de foſſez, entre ladite Foreſt & ſes Heritages, ſuivant l'alignement

ment qui lui en sera donné, & de fournir en outre la quantité de bornes nécessaires au bornage, ainsi qu'il sera prescrit par nôtre Réglement général.

Avons maintenu le sieur Abé de Bebec, en la propriété & possession de ses Bois taillis étans le long de ladite Forest de Roumare, le Chemin du Geneté entre icelle & lesdits Bois taillis; & néanmoins sera tenu de se clorre de fossez, suivant l'alignement qui lui en sera donné, & de fournir la quantité de bornes nécessaires au bornage, ainsi qu'il sera prescrit par nôtre Réglement général.

Avons renvoïé lesdits Veuves de Nicolas Cognet, Nicolas Joüen, sieur Vignon, Veuve Lemourne, Veuve Hucher, sieur Moulin, sieur Berruyer du Vauroüit, se prétendans tous propriétaires, tant des Communes du Geneté, qu'autres Heritages entr'eux contestez, se pourvoir pardevant & ainsi qu'ils aviseront bon être, sur leurs demandes & prétentions respectives, pour raison de la propriété contestée du terrain en question; & cependant ordonnons qu'ils seront tenus, chacun en droit soi, de se clorre de fossez entre ladite Forest, lesdites Communes & leurs Heritages, suivant l'alignement qui leur en sera donné, & de fournir en outre la quantité de bornes nécessaires au bornage, ainsi qu'il sera prescrit par nôtre Réglement général.

GARDE D'HENOUVILLE,

Triage du Clos-Cottin.

Que lesdits Religieux de l'Abaïe de S. George de Boscherville, Dame Duclos, Abraham Levasseur, Jacques Cognet & André Préaux seront tenus, chacun en droit soi, de se clorre de fossez, & de se borner entre leurs Heritages &

ladite Forest, ainsi qu'il sera ci-après prescrit par nôtre Réglement général.

Triage de Marre-Puante & Marre-Pereuse.

LEDIT sieur d'Amontot précédemment jugé à ce sujet.

Que lesdits André Préaux, Guillaume & Pierre Denise, lesdits Dame Duclos, Loüis Grenier, sieur Charpentier, sieur du Perrey, le nommé Alexandre, sieur de Bermonville, sieur d'Amontot, Nicolas Desmarets, ledit sieur Alexandre, ledit sieur d'Amontot, Ambroise Villette, sieur Allain, Pierre Benoist, Pierre Mignot, nommé Huet, Pierre Leduc & Antoine Léguillon seront tenus, chacun en droit soi, de se clorre de fossez, & de se borner entre leurs Heritages & ladite Forest, ainsi qu'il sera ci-après prescrit par nôtre Réglement général.

Que ledit sieur Maillard sera tenu de clorre une barriere étant le long de ses Heritages, laquelle donne entrée dans ladite Forest, & au surplus de se clorre de fossez, & de se borner entre ladite Forest & ses Heritages, ainsi qu'il sera ci-après prescrit par nôtre Réglement général.

Ledit sieur d'Amontot précédemment jugé à ce sujet.

Triage de Plate-Côte & Belley.

QUE lesdits sieur du Perrey, sieur Chandelier & lesdites Communes de la Paroisse d'Henouville seront tenus, chacun en droit soi, de se clorre de fossez, & de se borner entre leurs Héritages & ladite Forest, ainsi qu'il sera ci-après prescrit par nôtre Réglement général.

Avons, conformément à l'Ordonnance du sieur de Mascranny, du 3. Juillet 1671. maintenu le sieur du Resnel en la joüiſſance du Chemin de Flamare, apellé la Bellevûë : Ordonnons au ſurplus, que ledit ſieur du Reſnel ſera tenu de ſe clorre de foſſez, entre la Foreſt & ſes Heritages, ſuivant l'alignement qui lui en ſera donné, & de fournir en outre la quantité de bornes néceſſaires au bornage, ainſi qu'il ſera preſcrit par nôtre Réglement général.

Que leſdits ſieur de Bermonville, ſieur d'Amontot, Claude Senart & ledit ſieur Alexandre, ſeront tenus, chacun en droit ſoi, de ſe clorre de foſſez, & de ſe borner entre leurs Heritages & ladite Foreſt, ainſi qu'il ſera ci-après preſcrit par nôtre Réglement général.

Triage de Flamare.

LEDIT ſieur du Reſnel précédemment jugé à ce ſujet.

Que leſdits Loüis Levaſſeur, Pierre Boulenger, Loüis Huë, Loüis Leroux, Antoine Lecoffre, Loüis Blie, ſieur Fiſelier, le ſieur Curé d'Henouville, François Veillon, Michel Thiel, ledit ſieur Fiſelier & leſdites Communes du Meſnil ſeront tenus, chacun en droit ſoi, de ſe clorre de foſſez, & de ſe borner entre leurs Heritages & ladite Foreſt, ainſi qu'il ſera ci-après preſcrit par nôtre Réglement général.

Triage de Grand-Pré.

QUE leſdits ſieur Curé d'Henouville, Loüis Pigache, Communes de la Fontaine, Nicolas Corbran, Veuve Coudray, ſieur de Grenonville, ſieur Préſident de Louraille, ſieur d'Orgeval, Thomas Lenfant, & ledit Sieur d'Orgeval ſeront tenus, chacun en droit ſoi, de ſe clorre de foſſez, & de ſe borner entre leurs Heritages & ladite Foreſt, ainſi qu'il ſera ci-après preſcrit par nôtre Réglement général.

Avons déclaré les Noïers étans le long du Chemin de Roüen à la Fontaine, entre icelui & les foſſez de ſéparation des Heritages dudit ſieur Lhermette d'avec le terrain dudit chemin, faire partie d'icelui, & apartenir au Roy ; en conſéquence, faiſons défenſes audit ſieur Lhermette d'en faire aucune coupe ni abatis, ſous les peines au cas apartenant ; & au ſurplus, ordonnons que ledit ſieur Lhermette ſera tenu de ſe clorre de foſſez, entre la Foreſt, ledit chemin de Roüen à la Fontaine & ſes Heritages, ſuivant l'alignement qui lui en ſera donné, & de fournir en outre la quantité de bornes néceſſaires au bornage, ainſi qu'il ſera preſcrit par nôtre Réglement général.

Triage du Val S. Leonard & Marre-Soigne.

AVONS maintenu ledit ſieur de la Vache-du-Sauſſay, ſuivant ſes Titres, en la propriété & poſſeſſion deſdits ſix Arpens de terre, aujourd'hui en Avenuës ou Routes, proche ſon Fief du Parquet, aux rives de la Foreſt de Roumare, Garde d'Henouville & de Maromme, Triage du Val S. Leonard & Marre-ſoigne ; parce que néanmoins ledit ſieur du Sauſſay ſera tenu de ſe clorre de foſſez, entre ladite Foreſt & ſes Heritages, ſuivant l'alignement qui lui en ſera donné, & de fournir la quantité de bornes néceſſaires au bornage, ainſi qu'il ſera preſcrit par nôtre Régement général.

Que leſdits Jean Maury, Michel Hardy, Ambroiſe Villette, Michel Gonot, Nicolas Hardy, Jean Hardy & François Godailler ſeront tenus, chacun en droit ſoi, de ſe clorre de foſſez, & de ſe borner entre leurs Heritages & ladite Foreſt, ainſi qu'il ſera ci-après preſcrit par nôtre Réglement general.

Ledit ſieur d'Amontot précédemment jugé à ce ſujet.

GARDE DE MAROMME,

Triage du Val-Saint-Leonard & Marreſoigne

LEDIT ſieur du Sauſſay, précédemment jugé à ce ſujet.

Avons déclaré les Arbres plantez d'alignement du côté de ladite Foreſt, le long du chemin ou Val-Saint-Leonard, réünis à icelle & en faire partie : Vû pareillement l'apoſition des bornes ſubſiſtantes, avons maintenu ledit ſieur de la Vaupaliere, en proprieté des Arbres plantez d'alignement du côté de ſes Bois taillis & Héritages, ainſi qu'en celle du Maſſif de Chênes plantez proche ladite Foreſt, & de laquelle il eſt ſéparé par bornes & foſſez; & au ſurplus, ſera tenu de fournir la quantité de bornes néceſſaires au bornage, ainſi qu'il ſera preſcrit par nôtre Réglement general.

Que leſdits ſieur Guillebert, Pierre Labbé, Jean Coret, Jean Cleret, Jacques Petit-valet, François Renard, Ambroiſe Villette & ledit ſieur Dumont ſeront tenus, chacun en droit ſoi, de ſe clorre de foſſez, & de ſe borner entre leurs Héritages & ladite Foreſt, ainſi qu'il ſera ci-après preſcrit par nôtre Réglement general.

Triage du Clos-en-Paon & Vaumain.

QUE leſdits Jacques Petit-valet, Nicolas Chartrain, ſieur de la Vaupaliere, Nicolas Deſmarets repreſentant le ſieur Dambray, Sieur d'Amontot & ledit ſieur Jore ſeront tenus, chacun en droit ſoi, de ſe clorre de foſſez, & de ſe borner entre leurs Héritages & ladite Foreſt, ainſi qu'il ſera ci-après preſcrit par nôtre Réglement general.

Triage du Deffend.

QUE lesdits Nicolas Delamare, sieur Châlon & lesdites Communes de Maromme seront tenus, chacun en droit soi, de se clorre de fossez, & de se borner entre leurs Héritages & ladite Forest, ainsi qu'il sera ci-après prescrit par nôtre Réglement general.

Triage du Coupeau-du-Mont.

QUE lesdits sieur Archevêque de Roüen, sieur de S. Clair, sieur Testart, veuve Jacques Léguillon, sieur d'Amontot, sieur Jore, Nicolas Desmarets representant le sieur Dambray, Nicolas Desmarets, Nicolas Delamare, Communes de Maromme, Hôtel-Dieu de Roüen, Communes de Maromme, Demoiselle Rogereau, Nicolas-François Lefévre & ledit sieur Archevêque de Roüen seront tenus, chacun en droit soi, de se clorre de fossez, & de se borner entre leurs Héritages & ladite Forest, ainsi qu'il sera ci-après prescrit par nôtre Réglement general.

Triage de Marre-des-Saulx.

QUE lesdits sieur Archevêque de Roüen, sieur Boquillon & ledit sieur Lallemant seront tenus, chacun en droit soi, de se clorre de fossez, & de se borner entre leurs Héritages & ladite Forest, ainsi qu'il sera ci-après prescrit par nôtre Réglement general.

Avons maintenu lesdits Religieux de S. Antoine en possession de la lisiere étant sur les terres de leur Ferme de la Beguiniere, le long & en-dehors du fossé qui les sépare de la Foreſt du Roy, lequel foſſé ils ſeront tenus de mettre en bon état, ſuivant l'alignement qui leur en ſera donné; avons au ſurplus déclaré les Arbres étans ſur la crête d'icelui, du côté de ladite Foreſt, en faire partie : Seront en outre tenus leſdits Religieux de fournir la quantité de bornes néceſſaires au bornage, ainſi qu'il ſera preſcrit par nôtre Réglement general.

Ledit ſieur Daubeuf précédemment jugé à ce ſujet.

Que leſdits ſieur Gueſdon, Charles Calet, ſieur Lernault & ladite Dame Barjolle ſeront tenus, chacun en droit ſoi, de ſe clorre de foſſez, & de ſe borner entre leurs Héritages & ladite Foreſt, ainſi qu'il ſera preſcrit par nôtre Réglement general.

FOREST DE ROUVRAY.

GARDE DE LINANT,

Triage du Val S. Aubin, Roches d'Orival & Tête-au-Cheval.

Que leſdits ſieur Boulier, ſieur Michel Lefévre, Nicolas, Pierre & Mathieu Planterou, veuve Guillaume Lebret, repreſentant Antoine Mortreüil, Guillaume, Loüis & Jean Lebret, Marguerin Patailler, Joſeph Labbé, Nicolas Alexandre Deshayes, Barbe Caron, Martin Lefévre, Jean Duruflé, Loüis Hedoüin, ledit ſieur Boulier, ladite veuve Guillaume Lebret, Romain Feſſe, Jean Plantou, Nicolas Foſſard, François & Nicolas Blactot, Pierre Martin, Pierre Nouvel, Charles Burel, Loüis Prevoſt, ledit Charles Burel, Guillaume Polet & ledit Charles Gambart ſeront tenus, chacun en droit ſoi, de ſe clorre de foſſez, & de ſe borner entre leurs Héritages & ladite Foreſt, ainſi qu'il ſera preſcrit ci-après, par nôtre Réglement genéral.

Triage de l'Aumône & Vallot.

QUE leſdits Adrien Panier, Jacques & Marin Picart, Nicolas Lefévre, Pierre Calvera, veuve Loüis Lefévre, Guillaume Renault, heritiers Philippe Lefévre & ledit ſieur Preſident de la Londe ſeront tenus, chacun en droit ſoi, de ſe clorre de foſſez, & de ſe borner entre leurs Heritages & ladite Foreſt, ainſi qu'il ſera ci-après preſcrit par nôtre Réglement genéral.

Triage du Chêne-à-la-Boſſe.

QUE ledit Jacques Mulot ſera tenu de ſe clorre de foſſez, & de ſe borner entre ſes Héritages & ladite Foreſt, ainſi qu'il ſera ci-après preſcrit par nôtre Réglement général.

GARDE DE BEDASNE,

Triage des Côteaux de Moulineaux & Greſil.

QUE leſdits Jacques Mulot, Pierre Langlois, Treſor de Moulineaux, Pierre Louvet, ſieur Pommeraye, Pierre Louvet, Jacques Pain, ſieur de Bonneval, Hôpital du Bourgachard, ſieur Pommeraye, ſieur Pontrevé, Hôtel-Dieu de Roüen, ſieur Pommeraye, Hôtel-Dieu de Roüen & Jean Piquenot ſeront tenus, chacun en droit ſoi, de ſe clorre de foſſez, & de ſe borner entre leurs Héritages & ladite Foreſt, ainſi qu'il ſera ci-après preſcrit par nôtre Réglement genéral.

Ordonnons que leſdits ſieurs Deſportes ſeront tenus de ſe

ſe clorre de foſſez, entre leurs Héritages & ladite Foreſt, ſuivant l'alignement qui leur en ſera donné, & de fournir en outre la quantité de bornes néceſſaires au bornage, ainſi qu'il ſera preſcrit par nôtre Réglement genéral; parce que néanmoins les vingt-cinq à trente pieds de terrain mentionnez en nôtredit Procès verbal de Viſite, avoir été anticipez ſur ladite Foreſt, pour former un Cabinet de verdure à une des angles de leur Maſure, ſont déclarez faire partie de ladite Foreſt, & réünis à icelle; en conſéquence de quoi, ils y ſeront renfermez par un foſſé, lors dudit alignement.

Que leſdits Loüis Vallée, ſieur Pommeraye, Hôtel-Dieu de Roüen, Dame Vivien, Jean Piquenot & ledit Hôtel-Dieu de Roüen ſeront tenus, chacun en droit ſoi, de ſe clorre de foſſez, & de ſe borner entre leurs Héritages & ladite Foreſt, ainſi qu'il ſera ci-après preſcrit par nôtre Réglement genéral.

Triage des Côteaux de Couronne.

QUE leſdits Dame Vivien, François Prevoſt, Hôtel-Dieu de Roüen, ſieur de Limeſy, Hôtel-Dieu de Roüen, Jean Duboſc, ſieurs Deſportes, Chriſtophe Lefévre, Jacques Lemarquis, ſieur de Couronne, Loüis Lefévre, Jacques Lemarquis, Jean Hamelin, Jean Durand, Pierre Vallée, ſieur Deshommets, Pierre Vallée, Treſor de Moulineaux, Hôtel-Dieu de Roüen, Dame de Prémagny, Hôtel-Dieu de Roüen, Remy Piquenot, Jacques Lemarquis, François Prevoſt, Jacques Lemarquis, Pierre Vallée, Loüis Lefévre, Jacques Anfrye, Dame Vincent, ſieur de Limeſy, Jean Piquenot, Dame de Prémagny, Charles Maillard, François Preſtrel, François Cauvin, Jacques Lemarquis, ſieurs Deſportes, François Vallée, ſieur Pommeraye & leſdits ſieurs Deſportes ſeront tenus, chacun en droit ſoi, de ſe clorre de foſſez, & de ſe borner entre leurs Heritages & ladite Foreſt, ainſi qu'il ſera ci-après preſcrit par nôtre Réglement general.

Triage du Val-Coquet.

QUE leſdits George Leprevoſt, François Leprevoſt, veuve Pierre Jean, heritiers de Nicolas Prevoſt, veuve George Huë, ledit Hôtel-Dieu de Roüen, Loüis Lefévre, ſieur Pommeraye, Treſor de Couronne, Hôtel-Dieu de Roüen, François-Laurent Durand, ſieur de Couronne, ſieur Pierre Anfrye, ſieur Pommeraye, ſieur Sadot, Loüis & Pierre Vallée, Treſor de Couronne, François Preſtrel, Charles Maillard, Hôtel-Dieu de Roüen, Jean Hamelin, ſieur Pommeraye, ſieurs Deſportes, Jean Piquenot, Dame Vivien, Jacques Henaut, veuve Chriſtophe Lefévre, ſieur de Limeſy, Nicolas Lambert, Mathieu Bouteille, Hôtel-Dieu de Roüen, Jacques Lemarquis, François Preſtrel, David Manchon, Hôtel-Dieu de Roüen, ſieur Sadot, Hôtel-Dieu de Roüen, ſieur Fortier & ledit ſieur Ceſar Carlet ſeront tenus, chacun en droit ſoi, de ſe clorre de foſſez, & de ſe borner entre leurs Heritages & ladite Foreſt, ainſi qu'il ſera ci-après preſcrit par nôtre Réglement general.

Triage du Gros-Hêtre.

QUE leſdits Guillaume Goſſelin, ſieur Barbey, Etienne Leloup & ledit ſieur Barbey ſeront tenus, chacun en droit ſoi, de ſe clorre de foſſez, & de ſe borner entre leurs Heritages & ladite Foreſt, ainſi qu'il ſera ci-après preſcrit par nôtre Réglement general.

Ordonnons que leſdits Jugemens deſdits ſieurs de Maſcranny & de Savary, ſeront exécutez; en conſéquence, avons maintenu leſdits Anfrye & Philippes en leur ſortie ſur ladite Foreſt de Rouvray, à la charge par eux d'avoir une bonne barriere de charpente proche leurs Maſures, d'entretenir les foſſez de ſéparation de leurs Héritages d'avec ladite Foreſt, de la largeur & profondeur preſcrites par l'Ordonnance de 1669. de fournir la quantité de bornes néceſſaires au bornage, ainſi qu'il ſera preſcrit par nôtre Réglement général; & d'empêcher qu'il ne ſoit commis aucuns délits ni abroutiſſemens dans ladite Foreſt, à cinquante perches de diſtance de leurſdits Héritages, ſous peine par leſdits Anfrye & Philippes, leurs Fermiers ou détenteurs deſdits Héritages, d'en être reſponſables en leurs propres & privez noms.

Que leſdits François Mabille, François Liegard, veuve Pierre Marais, Alexandre Leroux, Jean de Villers, François Mabille & Laurent Luat ſeront tenus, chacun en droit ſoi, de ſe clorre de foſſez, & de ſe borner entre leurs Héritages & ladite Foreſt, ainſi qu'il ſera ci-après preſcrit par nôtre Réglement general.

Avons maintenu ledit ſieur le Danois en poſſeſſion des Héritages mentionnez en l'Arreſt du Conſeil, du 18. Février 1687. parce que néanmoins il ſera tenu de ſe clorre de foſſez entre ladite Foreſt & leſdits Héritages, ſuivant l'alignement qui lui en ſera donné, & de fournir en outre la quantité de bornes néceſſaires au bornage, ainſi qu'il ſera preſcrit par nôtre Réglement general.

Que leſdits Guillaume Lemire, Nicolas-Alexandre Deſhayes, Jacques Lethiais, Nicolas Carlet, Thomas Carlet & ladite veuve François Carlet ſeront tenus, chacun en droit ſoi, de ſe clorre de foſſez, & de ſe borner entre leurs Héritages & ladite Foreſt, ainſi qu'il ſera ci-après preſcrit par nôtre Réglement genéral.

LEDIT sieur le Danois précédemment jugé à ce sujet.

GARDE D'OISSEL,

Triage de Marre-Lormel.

LEDIT sieur le Danois précédemment jugé à ce sujet.

Triage du Castellier.

LEDIT sieur le Danois précédemment jugé à ce sujet.

Que ledit sieur Heli representant le sieur Haillet, sera tenu de se clorre de fossez, & de se borner entre ses Héritages & ladite Forest, ainsi qu'il sera ci-après prescrit par nôtre Réglement general.

Triage du Chêne de la Croix.

QUE lesdits sieur Heli, sieur de la Houssaye, sieur Orcholle, sieur de Sacy, sieur Heli, sieur Orcholle, sieur de Sacy, & ledit Pierre Mortreüil seront tenus, chacun en droit soi, de se clorre de fossez, & de se borner entre leurs Héritages & ladite Forest, ainsi qu'il sera ci-après prescrit par nôtre Réglement general.

Triage du Val-Gobert & Marre d'Oissel.

QUE lesdits Pierre Mortreüil, Communes d'Oissel, sieur de Guichainville, lesdites Communes d'Oissel, sieur de Lurienne, & ledit Nicolas Cecile seront tenus, chacun en droit soi, de se clorre de fossez, & de se borner entre leurs Héritages & ladite Forest, ainsi qu'il sera ci-après prescrit par nôtre Réglement general.

GARDE DE S. ETIENNE.

Triage du Petit-Parc & Haye-Brou.

QUE leſdites Communes de Roüen ou les Bruïeres de Saint-Julien, & ledit ſieur Moulin ſeront tenus, chacun en droit ſoi, de ſe clorre de foſſez, & de ſe borner entre leurs Héritages & ladite Foreſt, ainſi qu'il ſera ci-après preſcrit par nôtre Réglement general.

Triage du Chêne au Duc.

LEDIT ſieur Moulin précédemment jugé à ce ſujet.

Triage des Carrieres & Madrillet.

QUE leſdits ſieur Moulin, ſieur le Guerchois, Communes de Saint-Etienne, & ledit ſieur Heli ſeront tenus, chacun en droit ſoi, de ſe clorre de foſſez, & de ſe borner entre leurs Héritages & ladite Foreſt, ainſi qu'il ſera ci-après preſcrit par nôtre Réglement général.

GARDE DU PETIT-COURONNE.

Triage des Beaux-Marquets.

LEDIT ſieur Moulin précédemment jugé à ce ſujet.

Triage du Mictuit.

QUE leſdits Pierre Vallée, Pierre Gueroult, Jacques Lethiais, ſieur Barbey, ſieur Blactot, ſieur Barbey, François & Jacques Fourey, François Gueroult, Jean Duboſc, François

Lecœur, François Carlet, sieur de Couronne, Jacques Anfrye, sieur du Noyer, sieur de Couronne, sieur de Douxmesnil, Jacques Anfrye, Noël Gueroult, sieur de Couronne, Adrien Lethiais, Robert Gence, Jacques Anfrye, Pierre Anfrye representant Robert Anfrye, Bonaventure Gence, Pierre Anfrye representant Robert Anfrye, & ledit sieur de Couronne seront tenus, chacun en droit soi, de se clorre de fossez, & de se borner entre leurs Héritages & ladite Forest, ainsi qu'il sera ci-après prescrit par nôtre Réglement general.

Triage de la Carbonniere.

Que lesdits sieur de Couronne, sieur du Noyer, Jean Blactot, Jean Gueroult, Claude Durand, George Bindel, Jean Billard, Guillaume Gosselin & ledit François Carlet seront tenus, chacun en droit soi, de se clorre de fossez, & de se borner entre leurs Héritages & ladite Forest, ainsi qu'il sera ci-après prescrit par nôtre Réglement general.

Triage du Chêne-aux-Leux.

Que lesdits sieurs de Couronne, Dame de Franqueville, Jean Duperrey, sieur de Paul, Dame de Franqueville, sieur de Paul, sieur de Couronne, Jean Gueroult, Jean Duperrey, François Lecœur, sieur de Paul, Adrien Lethiais, Jean Gueroult, François Lecœur, sieur de Paul, Pierre Gueroult, Dame de Franqueville, Tresor du Petit-Couronne, & ledit Tresor du Grand-Quevilly seront tenus, chacun en droit soi, de se clorre de fossez, & de se borner entre leurs Héritages & ladite Forest, ainsi qu'il sera ci-après prescrit par nôtre Réglement general.

Triage du Grand-Parc & Joulmare.

Que lesdites Communes du Petit-Quevilly & lesdites

Bruïeres de Saint-Julien ou Communes de Roüen, feront tenus, chacun en droit ſoi, de ſe clorre de foſſez, & de ſe borner entre leurs Héritages & ladite Foreſt, ainſi qu'il ſera ci-après preſcrit par nôtre Réglement general.

FOREST DE LA LONDE.

GARDE DU MANOIR,

Triage de Marre-Saminet.

AVONS conformément aux Titres produits par ledit ſieur Preſident Marquis de la Londe, & aux Jugemens des précédentes Réformations, maintenu & gardé ledit ſieur Marquis de la Londe, en la propriété & joüiſſance des deux mille arpens de Bois de ladite Foreſt de la Londe, cédez par Sa Majeſté aux Seigneurs de la Londe, & ce, ſuivant les Procès verbaux de bornages & arpentages, qui ont été faits en conſéquence des Arreſt & Lettres Patentes du 13. Aouſt 1644. Avons pareillement maintenu ledit ſieur de la Londe en la propriété des Fiéfes faites par ſes Auteurs, aux termes deſdits Arreſt & Lettres Patentes : Faiſans droit ſur la reclamation faite par ledit ſieur de la Londe, des liſieres d'arbres excrûs le long de ſes Bois, & qu'il prétend lui apartenir, avons déclaré la partie de liſiere d'arbres du côté des Bois de la Londe, le long de la grande route de Moulineaux au Bourgtheroude, laquelle route ſépare leſdits Bois de la Foreſt du Roy, faire partie d'iceux, & apartenir audit ſieur de la Londe, lequel poura en diſpoſer, en obſervant les formalitez preſcrites par l'Ordonnance de 1669. Arrêts & Réglemens depuis intervenus au ſujet des Bois des Particuliers ; & à l'égard des autres liſieres, faiſant ſéparation de ladite Foreſt d'avec leſdits Bois de la Londe, avons déclaré leſdites liſiéres être du corps de ladite Foreſt & en faire partie ; en conſéquence, faiſons défenſes audit ſieur Marquis de la Londe & à tous autres, d'en faire aucunes coupes ni abatis, ſous les peines portées par l'Ordonnance & Réglemens : Ordonnons au ſurplus, que ledit ſieur de la Londe ſera tenu de ſe clorre de foſſez entre ladite Foreſt & ſes Bois & Héritages, ſuivant l'alignement qui lui en ſera donné, & de fournir en outre par augmentation, les bornes qui ſeront jugées néceſſaires au bornage, ainſi qu'il ſera preſcrit par nôtre Réglement genéral.

Triage du Vivier-Cammelin.

POINT de Riverains.

Triage des Hautes-Carrieres.

POINT de Riverains.

Triage de S. Nicolas.

LEDIT ſieur Preſident de la Londe précedemment jugé à ce ſujet.

Que leſdits Religieux de l'Abaïe de Saint George ſeront tenus de ſe clorre de foſſez entre leurs Héritages & ladite Foreſt, & de ſe borner, ainſi qu'il ſera ci-après preſcrit par nôtre Réglement général.

GARDE DES HAUZAIS,

Triage du Meriſier S. Nicolas.

LEDIT Sr Preſident de la Londe précédemment jugé à ce ſujet.

Que

Que leſdits veuve Pierre Bocher, veuve & héritiers Videcocq, Nicolas Bocher, veuve Claude Lefévre, Pierre Leger, ſieur Quentin, Religieux de l'Abaïe de Saint George, Guillaume Leclerc & leſdits Religieux de l'Abaïe de Saint George ſeront tenus, chacun en droit ſoi, de ſe clorre de foſſez, & de ſe borner entre leurs Héritages & ladite Foreſt, ainſi qu'il ſera ci-aprés preſcrit par nôtre Réglement genéral.

Triage de la Queuë-Bourguignon.

LEDIT Sieur Préſident de la Londe précédemment jugé à ce ſujet.

Avons maintenu ledit ſieur Dugard en la propriété des excroiſſances étant ſur les foſſez de ſes Héritages, le long du grand-chemin d'Elbeuf, à la charge néanmoins de ſe conformer aux Ordonnances, dans l'exploitation deſdites excroiſſances: Ordonnons au ſurplus, que ledit ſieur Dugard ſera tenu de ſe clorre de foſſez entre ladite Foreſt & ſes Héritages, ſuivant l'alignement qui lui en ſera donné, & de fournir en outre la quantité de bornes néceſſaires au bornage, ainſi qu'il ſera preſcrit par nôtre Réglement genéral.

Que leſdits Loüis-Martin-François Lecerf, veuve Lepie, Antoine Dupré, veuve & héritiers Guillaume Duval, Jean Fouquet, Jean Saint-Amand, leſdits veuve & héritiers Guillaume Duval, Pierre Saint-Amand, ſieur Roger, Jacques Bourgalé, Pierre Fleurant, Catherine Bourgalé & leſdits Michel & Loüis Letailleur ſeront tenus, chacun en droit ſoi, de ſe clorre de foſſez, & de ſe borner entre leurs Héritages & ladite Foreſt, ainſi qu'il ſera ci-aprés preſcrit par nôtre Réglement genéral.

GARDE D'INFREVILLE,

Triage du Merisier S. Nicolas.

LESDITS Religieux de S. George précédemment jugez à ce sujet.

Triage de Marre-Curée.

POINT de Riverains.

Triage des Roques.

QUE ledit sieur du Boscgueroult sera tenu de se clorre de fossez, & de se borner entre ses Héritages & ladite Forest, ainsi qu'il sera ci-après prescrit par nôtre Réglement general.

Avons maintenu ledit sieur de Varenne en possession des Hêtres plantez d'alignement sur le terrain de sa Ferme, apellée la Vallée, mentionnez en nôtredit Procès verbal de Visite; & au surplus, ordonné que ledit sieur de Varenne sera tenu de se clorre de fossez entre ladite Forest & ses Héritages, suivant l'alignement qui lui en sera donné, & de fournir en outre la quantité de bornes nécessaires au bornage, ainsi qu'il sera ci-après prescrit par nôtre Réglement general.

Que lesdits sieur le Boulenger & héritiers Pierre Rose, sieur le Boulenger, Dame veuve Chauvidon, sieur Levert, sieur Piquefeu, sieur Marquis d'Etampes & ledit Jean Carrey seront tenus, chacun en droit soi, de se clorre de fossez, & de se borner entre leurs Héritages & ladite Forest, ainsi qu'il sera ci-après prescrit par nôtre Réglement général.

Triage des Jouveaux.

QUE leſdits Nicolas Crevel, Guillaume Cailloüet, ſieur du Boſcgueroult, ledit Nicolas Crevel, ſieur Duhamel, Jean Lefévre, & ledit ſieur Marquis d'Etampes ſeront tenus, chacun en droit ſoi, de ſe clorre de foſſez, & de ſe borner entre leurs Héritages & ladite Foreſt, ainſi qu'il ſera ci-aprés preſcrit par nôtre Réglement general.

Triage de Marre-Oſmont & Val-Breton.

QUE leſdits ſieur Marquis d'Etampes, Religieux de ladite Abaïe de Saint George, ſieur Langlois, veuve & héritiers Nicolas Videcocq, & ledit ſieur Soüatin ſeront tenus, chacun en droit ſoi, de ſe clorre de foſſez, & de ſe borner entre leurs Héritages & ladite Foreſt, ainſi qu'il ſera ci-aprés preſcrit par nôtre Réglement général.

Avons condamné ledit Auſoult en Trois livres d'Amende envers le Roy, pareille ſomme de reſtitution, en outre les deux ſols pour livre deſdites deux ſommes, pour l'abatis par lui fait d'excroiſſances ſur les foſſez de ladite Foreſt, mentionnées en nôtredit Procès verbal de Viſite ; défenſes à lui faites de récidiver, & de faire aucunes Coupes ni entrepriſes ſur leſdits foſſez, ſous les peines portées par les Ordonnances & Réglemens ; & au ſurplus, ledit Auſoult ſera tenu de ſe clorre de foſſez entre ladite Foreſt & ſes Héritages, ſuivant l'alignement qui lui en ſera donné, & de fournir en outre la quantité de bornes néceſſaires au bornage, ainſi qu'il ſera preſcrit par nôtre Réglement général.

Que leſdits ſieur Debaude, Guillaume & Antoine Ferey,

héritier Jean Beaucouſin, ſieur de Freville, ſieur Soüatin, ledit ſieur de Freville, & ledit Nicolas Parmentier ſeront tenus, chacun en droit ſoi, de ſe clorre de foſſez, & de ſe borner entre leurs Héritages & ladite Foreſt, ainſi qu'il ſera ci-après preſcrit par nôtre Réglement général.

GARDE DU BOSCGOUET.

Triage de Marre-de-Roüen.

QUE leſdits ſieur Marquis d'Etampes, Jacques Baillemont, héritiers du ſieur du Sauſſay, Jacques Hibert, ſieur Benoiſt, ſieur Suart, leſdits héritiers du Sauſſay, François Derais, ledit ſieur Suart, Richard Carré, Charles Dodin, Pierre & François Baillemont, héritiers Charles Leduc, ſieur Boulenger, Bernard Langlois, Dame Dufour, ſieur du Boſcbeſnard, ſieur Soüatin, veuve Bourdonné, ſieur Saint-Amand, Nicolas-David Leſueur, Loüis Lécoufflé, ledit Leſueur, ladite veuve Bourdonné, Charles Bourdonné, Demoiſelle Mouchet, Pierre Leſueur, Demoiſelle Mouchet, Guillaume Boiſmare, héritier Claude Boiſmare, Demoiſelle Mouchet, Pierre Leſueur, ſieur Soüatin & Laurent Gueroult ſeront tenus, chacun en droit ſoi, de ſe clorre de foſſez, & de ſe borner entre leurs Héritages & ladite Foreſt, ainſi qu'il ſera ci-après preſcrit par nôtre Réglement general.

Triage du Meſnil & Quatre-Hêtres.

QUE leſdits Dame Dufour, ſieur le Noble, Demoiſelle Aubry, Dame Dufour, Demoiſelle Ozanne, ſieur Alexandre, ſieur Delahaye, veuve Adrien Bazin, ſieur Delahaye

& ledit sieur de Malmain seront tenus, chacun en droit soi, de se clorre de fossez, & de se borner entre leurs Héritages & ladite Forest, ainsi qu'il sera ci-après prescrit par nôtre Réglement general.

Triage des Hautes-Frenayes.

QUE lesdits sieur de Malmain, sieur du Boscbesnard, François Préaux, sieur de Sevré, sieur de Réville, Guillaume Deshayes, Loüis Lemaître, & le sieur de Bellemare seront tenus, chacun en droit soi, de se clorre de fossez, & de se borner entre leurs Héritages & ladite Forest, ainsi qu'il sera ci-après prescrit par nôtre Réglement general.

GARDE DU BOSHION,

Triage du Vivier-Camelin.

POINT de Riverains.

Triage des Trois-Chênes.

QUE lesdits sieur Marquis d'Etampes, sieur du Boscgueroult, & ledit François Collé seront tenus, chacun en droit soi, de se clorre de fossez, & de se borner entre leurs Héritages & ladite Forest, ainsi qu'il sera ci-après prescrit par nôtre Réglement général.

Tous les ci-dessus nommez Propriétaires d'Héritages Riverains desdites Forêts de Roumare, Rouvray & la Londe, susdites Gardes & Triages.

FAIT & arrêté à Roüen, par Nousdits Commissaires-

Réformateurs Generaux, conformément aux Jugemens par Nous rendus, pendant le cours de ladite Réformation, depuis le 21. Juillet 1735. juſqu'à cejourd'hui vingt-troiſiéme jour de Juillet mil ſept cens trente-neuf.

Signez, DURAND DE MISSY, DE SAVARY, LE PAIGE, CHERET, & GALLOIS DE MAQUERVILLE, avec paraphes

Collationné. Signé, COUSIN DE VINVAL.

RE'GLEMENS

www.ingramcontent.com/pod-product-compliance
Ingram Content Group UK Ltd.
Pitfield, Milton Keynes, MK11 3LW, UK
UKHW022050170726
13837UKWH00002B/879

9 782329 265926